ASSOCIATION

DES

AMIS DE L'UNIVERSITÉ DE MONTPELLIER

CONFÉRENCE
DE M. LE DOYEN CASTETS

DISCOURS
DE
M. LE PRÉSIDENT ET DE M. LE RECTEUR

STATUTS

LISTE DES MEMBRES
DU COMITÉ D'HONNEUR, DU COMITÉ
ET DE L'ASSOCIATION

MONTPELLIER,
IMPRIMERIE RICARD FRÈRES, PLACE PETIT-SCEL, 5

1891

ASSOCIATION

DES

AMIS DE L'UNIVERSITÉ DE MONTPELLIER

CONFÉRENCE
DE M. LE DOYEN CASTETS

DISCOURS
DE
M. LE PRÉSIDENT ET DE M. LE RECTEUR

STATUTS

LISTE DES MEMBRES
DU COMITÉ D'HONNEUR, DU COMITÉ
ET DE L'ASSOCIATION

MONTPELLIER,
IMPRIMERIE RICARD FRÈRES, PLACE PETIT-SCEL, 5

1891

ASSOCIATION

DES

AMIS DE L'UNIVERSITÉ DE MONTPELLIER

Première réunion générale

Le lundi, 4 Mai 1891, l'Association des Amis de l'Université de Montpellier, nouvellement constituée, s'est présentée officiellement, pour la première fois, au public Montpelliérain. Le Comité avait prié M. Castets, doyen de la Faculté des lettres, membre du Comité, de faire une conférence à laquelle il avait convié les adhérents de l'Association et un grand nombre de nos concitoyens.

La séance a eu lieu dans la salle des concerts, sous la présidence de M. Kühnholtz-Lordat, président de l'Association, ayant à ses côtés M. le Maire et M. le Recteur, présidents d'honneur, le Bureau et le Comité.

Les honneurs de la salle étaient faits par les étudiants qui avaient accepté, et ont rempli très gracieusement, les fonctions de commissaires.

M. Kühnholtz-Lordat a, en quelques phrases fines et spirituelles, présenté à l'auditoire l'Association, son Comité et le conférencier.

Voici en quels termes il s'est exprimé :

Discours de M. Kühnholtz-Lordat, Président.

Mesdames, Messieurs,

Un ancien montpelliérain, Castel, abbé de St-Pierre, en adressant je ne sais quel projet au Cardinal Fleury, premier Ministre, rapporte que le Cardinal lui répondit : « Vous » avez oublié, Monsieur, de débuter, comme article préli- » minaire, par envoyer une troupe de missionnaires afin de » disposer le cœur et l'esprit de ceux que vous visez. »

La leçon donnée, il y a un siècle, par le Cardinal à Castel, est excellente, nous n'avons pas hésité un instant à la mettre à profit ; et, j'ai l'insigne honneur, aujourd'hui, de me présenter devant vous entouré, sur cette estrade, sur ces fauteuils, de véritables missionnaires. Et, quels missionnaires!

L'élite de l'Autorité, l'élite du Savoir !

En répondant, avec empressement, à l'appel chaleureux de notre Association naissante, en lui prêtant leur précieux concours, ces hauts personnages sont devenus nos collaborateurs, ils ont consacré par leur bienveillante affection, par leurs loyales promesses, notre titre : *Association des Amis de l'Université.*

A vous, Mesdames et Messieurs, — j'ai dit: Mesdames, et j'insiste, car le Comité sera heureux d'avoir votre adhésion, de se placer sous votre gracieux patronage — à vous de suivre nos missionnaires, de nous donner, comme eux, tout votre zèle, tout votre dévouement et — souffrez que je hasarde le mot — toutes vos séductions ; dussiez-vous risquer des querelles de ménage, à vous, Mesdames, d'influencer vos maris s'ils se montraient par trop rebelles. Je vais peut-être un peu loin, mais, au temps où nous vivons, on est tout porté à tenter un petit appel à la révolte...

même en présence de ceux qui auraient la délicate mission
de le condamner.

Le Conseil général des Facultés a proclamé bien haut, à
plusieurs reprises, que « les traditions universitaires ont
» conservé leur vitalité et leur force, qu'elles constituent un
» patrimoine commun dont l'héritage fait de nous tous une
» famille qui sait se retrouver quand il s'agit de rendre
» hommage à la science et au travail. »

Prouvons au Conseil général des Facultés qu'il ne s'est
pas trompé.

Un vieil auteur (1) a dit : « Les forces de l'amitié sont
» puissantes à merveilles, par elle les absents sont présents,
» les pauvres sont riches, les imbécilles sont puissants et —
» ce qui est plus difficile à croire — les morts sont vivants. »

Puisque l'amitié a tant de pouvoirs et peut enfanter tant
de prodiges, j'aime à espérer que, grâce à vos bonnes dis-
positions, *l'Association des Amis de l'Université* a, devant
elle, un noble et brillant avenir.

Le Comité m'a fait l'honneur de m'appeler à le présider ;
j'ai consenti, mais à la condition qu'il serait pour moi ce que
Jéhova était pour Moïse quand il lui disait : « Je serai ta
» bouche et je t'enseignerai ce que tu dois dire. »

L'imperfection du langage — sachez-le bien — est excu-
sable, lorsqu'elle a pour but de graver des pensées profondes
et de généreux sentiments.

Je ne suis pas de ceux qui ont — comme le Chef éminent
de l'Université, dont vous goûterez à la fin de cette séance
l'éloquence improvisée, — le talent d'enlacer tout un auditoire dans une trame ingénieusement ourdie.

C'est, au nom du Comité, au nom de mes honorables
collègues qui ont eu le courage — et il en faut — d'accepter
la lourde charge de mener à bonnes fins une entreprise déjà
presque réussie à Lyon, à Bordeaux, à Toulouse, à Nancy,
que j'ose faire un chaleureux appel à tous ceux qui s'inté-

-----

(1) Cassiodore.

ressent à la prospérité de notre ville déjà si florissante, à la région dont elle est aujourd'hui le centre et dont elle sera demain l'*Université*.

Des bibliothèques plus riches, des récompenses aux meilleurs élèves, des bourses, des conférences, tout ce qui, en un mot, peut faciliter les recherches, attirer les disciples, retenir les maîtres éminents qui, hélas ! nous échappent si souvent, tels sont les avantages que nous voulons procurer à nos illustres écoles.

Vous avez fait vos preuves au moment du Centenaire, vous ne reculerez certainement pas à l'heure qu'il est, vous ne laisserez pas inachevée l'œuvre si bien commencée, vous nous soutiendrez, vous nous viendrez en aide et..... je m'arrête.... après Alexandre Dumas je n'aurai pas l'imprudente audace de traiter *la Question d'argent*.

MESDAMES, MESSIEURS,

Celui d'entre nous que vous allez entendre vous dira, avec l'autorité que lui donnent son titre et son nom, tout ce qu'on peut attendre de notre Association... surtout si elle a de grandes ressources ; j'ai le devoir, bien doux pour moi, de vous le présenter, mais je me garderai d'insister sur son érudition incontestée, sur son esprit primesautier, sur sa parole séduisante ; il est Français, comme tel il est né malin, s'il n'a pas créé le vaudeville, il sait manier l'épigramme et je le vois déjà rappelant tout bas à ses voisins ce petit trait décoché jadis au poète Dorat :

> « Ses fleurs sont des pavots, ses ris sont des grimaces,
> » Que l'encens qu'il prodigue est fade et sans odeur ! »

Je ménage sa modestie, et je fuis sa malignité.

La parole est à M. Castets.

CONFÉRENCE DE M. LE DOYEN CASTETS

SUR

L'UNIVERSITÉ DE MONTPELLIER

ET

L'ASSOCIATION DES AMIS DE L'UNIVERSITÉ.

MESDAMES, MESSIEURS,

Les années se suivent et ne se ressemblent pas. Vous vous rappelez ce qu'était Montpellier au mois d'Avril 1890. Notre ville, si calme d'ordinaire, était la plus agitée de France. Il s'agissait d'une grande affaire ; de fêter dignement le Sixième Centenaire de l'Université de Montpellier. Que de difficultés l'on avait prévues, que l'on surmonta facilement ! Que de difficultés imprévues, qu'il fallut bien surmonter ! Le Comité se multipliait, retouchait son programme, négociait avec les entrepreneurs, répandait ses circulaires ; les Étudiants, désespérés de ne pouvoir inaugurer à temps leur Hôtel, s'ingéniaient à se rendre utiles, répétaient le chant, désormais populaire, que leur avaient dédié de Bornier et Paladilhe ; les quêteurs couraient la ville, frappant à toutes les portes, montant tous les escaliers, puisant dans toutes les bourses, tour à tour hardis ou obséquieux suivant le caractère des gens ; les ouvriers travaillaient à Saint-Éloi avec une rapidité sans exemple dans les annales de notre cité ; les artistes dessinaient les costumes et ornementaient les chars du Cortège historique ; la Commission du Cartulaire corrigeait d'une main fébrile les épreuves de l'in-quarto où elle a réuni les titres de l'ancienne Université de Montpellier. Le Conseil municipal votait des crédits. Les dames, — me pardonneront-elles de le rappeler ? — préparaient leurs toilettes pour le bal qui devait avoir lieu au Palais Universitaire. Tout le monde était fort occupé et quelques-uns étaient inquiets. L'on avait invité le monde entier. Aurait-on des ressources suffisantes ? Serait-on prêt au jour dit ? Ferait-on bonne figure? Qu'adviendrait-il de la fête du Peyrou si le soleil nous faussait compagnie, s'il pleuvait ?

Messieurs, il ne plut pas, et un succès complet a récompensé nos efforts, justifié nos ambitions, dépassé toutes les espérances. L'éloquent appel que M. le Doyen Vigié, parlant au nom du Comité, faisait ici-même « à tous ceux qu'anime l'amour de notre cité », cet appel avait été entendu. Grâce à la bonne volonté unanime de notre population, la date du Sixième Centenaire gardera une place honorable dans l'histoire de Montpellier.

Après les fêtes, notre vie habituelle a repris son cours. On s'est dispersé pour les vacances, l'on a chassé, l'on a fait ses vendanges. A l'automne l'on est revenu, l'on a traversé un hiver très froid, et nous voici de nouveau au printemps. L'on commence à faire ses projets pour l'emploi de sa saison d'été : ira-t-on aux eaux ? ira-t-on aux bains de mer ? Si personne ne s'en mêlait, tout se passerait sans trouble ni difficulté d'aucune sorte, et chacun n'aurait d'autre souci que de concilier ses intérêts et ses plaisirs.

Mais il y a des fâcheux, des gens qui ne sont jamais contents, qui, après le bouquet du feu d'artifice, réclament encore d'autres soleils, d'autres fusées. Nous leur avions distribué, en mémoire du Centenaire, une très belle médaille de bronze. Après l'avoir tournée et retournée, ils se sont aperçu qu'elle portait une légende : *Præteriti memor, futuri secura.* Comme ils savaient le latin, chose qui devient rare, ils ont traduit très exactement : « L'Université de Montpellier se souvient de son passé et compte sur l'avenir. » Savez-vous ce

qu'ils ont fait? Ils sont venus, la médaille à la main, nous
rappeler cette légende, et quels discours n'ont-ils pas tenus !
Ils nous ont dit : « Croyez-vous qu'il suffise d'écrire de pa-
reilles choses et de s'en remettre à la Providence du soin de
les réaliser ? Vous, Membres du Comité qui sollicitait, il y a
un an, notre libéralité et notre dévouement, donnerez-vous le
déplorable exemple de l'indifférence ?

L'ancienne Université de Montpellier a été honorée comme
il convenait ; que pensez-vous faire dans l'intérêt de l'Université future, de vos Facultés actuelles qui, après tout, constituent une véritable Université, moins le titre? Ignorez-vous
qu'en plusieurs villes il se fonde des Associations des Amis
de l'Université du lieu ? Voulez-vous que Montpellier, qui a
tout mis en branle, qui par son attitude a décidé le Gouvernement à déposer le projet de loi sur les Universités, dispa-
raisse de l'arène alors que les compétitions vont être les plus
ardentes ? Vous vous croisez les bras au moment où il faut
déployer le plus d'activité et d'énergie. Reprenez votre
mandat, appelez à vous ceux qui vous ont déjà suivis : dites-
leur que leur œuvre est imparfaite, qu'il faut assurer cet
avenir auquel vous avez fait si hardiment allusion, qu'il n'y
aura d'Universités viables que celles qui trouveront à côté
d'elles l'appui moral et effectif de la population. Le concours si généreux que nous vous avons donné, vous est un
gage de ce que nous sommes disposés à faire : vous ne sau-
riez en douter sans ingratitude. »

Que pouvions-nous répondre ? Nous avons obéi, et, par
une métamorphose si prompte qu'elle tenait du miracle, le
Comité du Centenaire s'est transformé en une Association
des Amis de l'Université de Montpellier. Cette Association a
rédigé des statuts, recruté des adhérents nombreux, nommé
un Comité directeur, et son premier acte public est de venir
à vous. Notre honorable Président vous a dit quelle est
notre raison d'être, quelles sont nos intentions, quel besoin
nous avons de votre aide. L'on a cru nécessaire que l'un de
nous fît un plus long discours et, comme l'on dit aujourd'hui,

une conférence sur la matière. Notre siècle est le siècle des conférences, et pour engager les gens on leur fait des compliments comme ceux que vous venez d'entendre. D'ailleurs on ne s'est pas montré exigeant : l'on n'a pas fixé de programme à l'orateur ainsi désigné d'office, on l'a laissé libre de vous entretenir à son gré : « parlez comme il vous plaira, il suffit que vous nous intéressiez ».

Je vais examiner ce qu'étaient les Universités anciennes, quelles furent les causes de leur décadence aussi bien que de leur prospérité, comment elles revivent dans les Facultés actuelles, ce que doivent être les Universités qu'il est question de fonder, ce que sera l'Université de Montpellier, quel rôle peut remplir auprès d'elle l'Association de ses Amis.

De nos jours l'on a souvent fait le panégyrique des Universités anciennes, de leurs statuts, de leurs usages, si bien que certains se sont imaginé que nous avions à cœur de les restaurer et de reprendre purement leur tradition et leur suite. Non, telle n'est point notre pensée, nous sommes de notre siècle, et l'Université dont nous possédons déjà les éléments essentiels, pour laquelle nous demandons l'existence légale, sera une Université moderne. On ne remonte pas le cours des âges et la Science ne connaît d'autre marche que celle du progrès. Mais dans le passé nous ne trouvons pas seulement une sorte d'encouragement à faire valoir nos droits au titre d'Université ; nous y trouvons aussi des exemples utiles, une conception générale que l'on a eu tort d'abandonner, et nous voulons nous en inspirer. Nous regardons en avant, mais nous reconnaissons que la voie la plus courte, la plus sûre, est celle où dans le principe nos aïeux s'étaient engagés, où ils n'ont eu que le tort de s'attarder, et, cette voie, nous voulons la reprendre, éclairés par l'expérience des siècles, sachant mieux que nos devanciers ce qu'est la science, quels sont ses droits, ses devoirs et ses besoins.

Il y a donc lieu de revenir sur cette histoire, qui vous a été tant de fois racontée, des Universités ; d'y démêler ce qu'il y avait de bon, de vraiment utile dans leur institution, et d'écarter ce qui devait périr et qui a péri en effet.

Au moyen âge l'Université est le sanctuaire de la science. Au moment où elle apparaît, on sortait d'une longue et cruelle barbarie, des plus intenses ténèbres qui aient jamais obscurci l'esprit humain. La féodalité organisée donnait quelque sécurité aux intérêts privés. Il y eut un grand espoir et un grand effort. Alors, surgissent de notre sol les merveilleuses cathédrales ; les communes travaillent à obtenir la reconnaissance de leurs droits et construisent les Hôtels de ville ; les nations de l'Europe, à peine constituées, nouent entre elles des relations de commerce ; au Nord, les Flandres et les Villes hanséatiques, au Midi Montpellier, Barcelone, Marseille, Venise, Gênes, Pise, Florence, Naples sont à la tête de la renaissance de l'industrie et de l'échange. Les troubadours et les trouvères créent la poésie moderne et Villehardouin raconte en une prose mâle et concise la conquête de Constantinople par les Latins. Un sang jeune et vigoureux anime cette première ébauche de notre civilisation. Le besoin de l'expansion au dehors devient insurmontable : les peuples chrétiens débordent sur les Musulmans, les refoulent en Espagne, les chassent de la Sicile, les attaquent en Orient et un moment le Croissant cesse de flotter sur les remparts de Jérusalem.

C'est une époque de sève, d'audace, d'improvisation fiévreuse ; avec la même ardeur qu'elle apporte à tout ce qu'elle entreprend, elle veut s'instruire, conquérir la science : elle organise les Universités. Chaque ville veut avoir la sienne, Bologne, Paris, Verceil, Padoue, Naples, Oxford, Salamanque, Toulouse, Cambridge, Vienne, Upsal,... J'allais oublier Montpellier. Je cite ces noms au hasard, sans songer à faire une énumération complète.

Que demandait-on à l'Université ? la science, cette science dont, après des siècles d'ignorance, on était comme affamé. On venait en foule s'instruire auprès d'elle, écouter les leçons de ses maîtres, lire les rares manuscrits qu'elle possédait. On avait dans son enseignement cette foi entière et naïve dont est empreinte la Divine Comédie.

Pour répondre à cette sollicitation, à cette attente avide, qu'était l'Université? Une corporation, formée de maîtres et d'élèves, instituée par le pouvoir pontifical ou royal, ayant une charte, jouissant de certains privilèges, possédant des biens propres, s'administrant elle-même sous le contrôle de l'autorité qui l'avait fondée. La plupart des Universités ont commencé par être le fruit de l'initiative privée; c'est le cas de Montpellier, de Bologne, de bien d'autres; mais pour durer, pour avoir une place dans la société féodale, elles furent obligées de se faire reconnaître en qualité de corporations.

Les éléments qui les composaient, et qui sont à peu près partout les mêmes, ne s'étaient pas groupés au hasard : la théologie ou science de la religion, le droit romain que les légistes avaient recueilli de la civilisation antique, la médecine, la Faculté des Arts comprenant les sept chaires de grammaire, de rhétorique, de dialectique ou *trivium*, d'arithmétique, de géométrie, de musique et d'astronomie, ou *quadrivium*, représentaient les branches du savoir humain les plus immédiatement nécessaires.

Issues d'un mouvement spontané vers la science, organisées comme nous l'avons dit, protégées par les Papes et les Rois, que devinrent les Universités?

Leur tâche était double: elles avaient d'abord à reconstituer la science antique dont la tradition s'était, sinon interrompue, du moins fort obscurcie ; elles avaient à enseigner.

L'on ne pouvait du premier coup remonter à l'époque des Antonins. Il fallait d'abord étudier, interpréter, classer les restes précieux, mais trop peu nombreux, dont l'on disposait au XIIme et au XIIIme siècle. Découvrir des vérités nouvelles, ajouter au legs du passé était impossible tant que ce travail préalable n'était pas accompli. La science prit un caractère d'encyclopédie et d'éxégèse qu'elle devait conserver longtemps. Mais les connaissances ainsi rassemblées étaient d'origine diverse, de valeur inégale : de grands esprit conçurent et réalisèrent le projet de les coordonner en un vaste système. La philosophie d'Aristote, la seule connue alors, leur offrait une explication générale des choses et une méthode : ils acceptèrent l'une et appliquèrent l'autre avec rigueur. Ainsi s'éleva, en une période très courte, ce majestueux édifice, la scolastique.

L'enseignement des Universités s'inspira donc d'une doctrine commune et c'était un grand bien, car l'on s'épargnait ainsi de longs tâtonnements et l'on subvenait au besoin urgent d'éclairer les esprits. L'on croyait posséder une solution universelle et suffisante de tous les problèmes, ce qui explique tout à la fois l'autorité immense des docteurs du moyen âge et le caractère dogmatique de leurs leçons. On ne rencontre chez eux ni trace de doute, ni pensée de recourir à l'expérience : ils ont la certitude de posséder le vrai.

La querelle des Universaux où ils se divisèrent, n'affaiblit point leur fidélité aux principes d'Aristote, ne fit aucun tort à la confiance enthousiaste que les étudiants avaient dans la science de leurs maîtres.

Ce respect des étudiants pour la science s'étendait naturellement aux personnes de ceux qui avaient titre pour l'enseigner. A Bologne et à Padoue, aussitôt après la chute de la première neige, on faisait, parmi les docteurs de l'Université et les riches habitants, une collecte dont le produit était employé à élever des statues aux professeurs les plus célèbres ou à leur offrir leur portrait. Cet usage finit par mécontenter ceux des maîtres qui étaient trop longtemps oubliés, et l'on ordonna que la collecte n'aurait plus lieu qu'avec l'autorisation de l'Université et que l'on ne pourrait offrir qu'une statue ou qu'un portrait par an.

Quand Philelphe passa de l'Université de Bologne à celle de Florence, tout le peuple vint à sa rencontre et Cosme de Médicis lui rendit visite plusieurs fois : « Toute la ville, écrit Philelphe, a les yeux tournés vers moi, tous m'aiment, m'honorent, me comblent de louanges. Mon nom est sur les lèvres de tout le monde. Non seulement les personnages les plus considérables, mais les dames elles-mêmes, quand je viens à les rencontrer, me cèdent le haut du pavé et me témoignent de tels égards que j'en rougis. »

Malgré la part glorieuse que les Universités pouvaient revendiquer dans les premiers progrès de la civilisation renaissante, malgré la haute situation qui leur avait été faite dans la société, il vint un jour où la considération dont elles avaient été l'objet, s'amoindrit, où l'on fut surtout frappé de leurs défauts et de leurs prétentions, où elles parurent au-dessous de leur tâche.

C'étaient des corporations, des maisons closes, premier inconvénient. Chez les maîtres, le respect de la tradition se transforma insensiblement en routine. On se borna à relire les classiques peu nombreux que l'on avait sous la main, à commenter Aristote, Saint Thomas, Hippocrate, les lois de Justinien, le grammairien Donat. Une sorte de culte empêchait de rien modifier au dépôt de la science antique plus ou moins bien connue ou bien comprise que l'on se transmettait de génération en génération. D'ailleurs la dialectique, ainsi livrée à elle-même, renonçant à rajeunir ses données à l'école de l'expérience, aboutissait naturellement à sa conséquence dernière et dégénérait en une vaine et stérile sophistique.

Ces corporations étaient formées d'autres corporations, les Facultés ; or, comme ces divers éléments se considéraient comme n'ayant de commun qu'un lien officiel, il n'y avait entre eux aucune entente. En Italie, il est constamment question des querelles des Légistes et des Artiens, et, un jour, les étudiants en droit de Padoue obtinrent du Sénat universitaire que la cloche qui annonçait l'ouverture des cours, fût exclusivement réservée à leur usage.

Le *Studium generale* n'était qu'un titre ; chaque école vivait isolément, égoïstement et s'acquittait de sa fonction sans s'inquiéter de ce qui se passait dans les écoles voisines. L'esprit humain n'est pourtant pas formé de cases séparées, sans communication entre elles : c'est un système où rien ne s'accomplit en un point sans retentir dans tous les autres. Mais de telles pensées étaient tout-à-fait étrangères à nos maîtres du moyen âge. Le théologien, le légiste, le médecin, le maître ès-arts se considérait comme souverain dans son domaine et n'avait que dédain pour les autres enseignements.

La corporation, qui avait permis une première organisation, devint une gêne, un maillot trop étroit pour la science qui, indépendante et désintéressée, poursuivait ses progrès.

La rupture entre la science et les Universités finit par éclater d'une façon violente.

Lorsque, au XVme siècle, on put aborder la lecture directe des monuments de l'antiquité, on se trouva en face d'un monde tout aussi nouveau que celui que Christophe Colomb allait découvrir. L'hellénisme apparut dans toute sa simplicité claire et charmante. En feuilletant les dialogues de Socrate on voyait des gens aimables et spirituels qui traitaient les plus hautes questions sans effort, sans apparat, sans étalage d'érudition, sans arrière-pensée de se conformer à une doctrine officielle. On s'éprit d'une passion enthousiaste pour ces temps heureux où les philosophes discutaient amicalement sous les ombrages de l'Académie, ou bien en pleine campagne, assis près d'une eau courante, dans une atmosphère toute de lumière ; où Platon et Archimède traçaient les figures géométriques sur la poussière des gymnases, entourés de jeunes gens beaux comme Phèdre et Alcibiade.

Quel contraste entre cette liberté digne et naturelle, et la gaucherie lourde des Universités ! On se dégoûta de ne connaître la science que par l'intermédiaire d'interprètes formés aux habitudes de la Scolastique, qui continuaient à ergoter et à syllogiser, à ressasser leurs cahiers héréditaires. L'Italie se couvrit d'Académies où les gens les plus instruits se réunissaient, non par ambition d'un diplôme, mais pour s'éclairer mutuellement. La Renaissance fut ainsi la sécularisation de la science.

François Ier s'inspire de cet exemple et fonde le Collège de France. C'est encore aujourd'hui un des établissements de haut enseignement où l'on devient maître sans être obligé de justifier d'avoir été élève, où l'on ne prépare à aucun examen, où l'on ne confère aucun grade.

Ne croyez pas que dès le premier jour la cause de la science soit gagnée. Ramus s'est fait recevoir maître ès-arts pour des thèses où il attaque la doctrine d'Aristote ; il a l'audace de publier deux ouvrages où il développe et affirme sa pensée. L'Université se croit outragée, elle fait citer le coupable devant le prévôt de Paris. Mais l'affaire paraît grave ; elle est portée à la Grand'Chambre du Parlement ; elle finit par être évoquée au Conseil du Roi, et, sur l'avis d'une Commission où les adversaires de Ramus sont en majorité, le procès se termine par un arrêt où le roi de France se prononce pour le système d'Aristote.

Je ne sais si François Ier avait lu l'arrêt avant de le signer ; toujours est-il qu'il n'en tint pas compte et nomma Ramus professeur de philosophie et d'éloquence au Collège de France. Le contradicteur d'Aristote eut un succès sans exemple : de toute l'Europe on venait l'écouter. « Monsieur Ramus, dit Brantôme, était un fort disert et éloquent orateur, et peu s'en est-il vu de semblables », et le rapprochant de Turnèbe : « Monsieur Turnébus fut aussi un très savant homme en grec et en latin, mais non qu'il eût *telle piaffe de parler en seigneur* comme Ramus. » Enfin le judicieux Pasquier nous dit : « Ramus en enseignant la jeunesse était un homme d'État. »

Ces éloges rappellent l'enthousiasme qui accueillit au commencement de ce siècle les leçons de Cousin, de Villemain et de Guizot. Voilà l'homme dont l'Université de Paris avait demandé et obtenu la condamnation !

Un fait caractéristique de la défaveur des Universités dès cette époque est l'emploi que l'on fait du mot d'Académie pour désigner les Facultés nouvelles, à Lausanne en 1537, à Montpellier plus tard, quand Casaubon reconstitue la Faculté des Arts, en bien d'autres villes. Dans l'usage courant, on le substituait volontiers à celui d'Université, en attendant que le succès de l'Académie française le vulgarise à un tel point que l'on dise indifféremment Académie de musique pour signifier l'Opéra, Académie d'escrime pour signifier la salle d'armes.

La vie intellectuelle paraît un moment extérieure aux Facultés. Quels noms citons-nous ? Machiavel, Guichardin, des hommes d'État ; les Estienne, des imprimeurs ; le chancelier Bacon, Galilée, Descartes.

J'ai prononcé le nom de Descartes. Le créateur de la philosophie moderne, le génie original et puissant qui a ouvert la voie à Newton et à Leibnitz, n'eut pas à se louer de la science officielle. Il eut beau pousser la prudence jusqu'à un excès que Bossuet a blâmé, il eut beau s'exiler de France ; en Hollande, dans ce pays de liberté, de gens calmes et rassis, il ne put trouver la paix. Je ne sais quel recteur d'Université, qui ne voulait ni du doute philosophique ni de la circulation du sang, souleva les magistrats contre lui, et il aurait été condamné sans l'intervention de l'ambassadeur de France. Dégoûté des Hollandais, il se rend à l'invitation de la reine Christine et meurt quatre mois après son arrivée à Stockholm. Sa constitution délicate n'avait pu résister au rude climat de la Suède. Vous savez comment en 1666 son corps fut rapporté en France, et comment, l'année suivante, au moment où l'on allait prononcer son oraison funèbre, il vint un ordre exprès de la Cour qui défendait qu'on la prononçât.

Où en était l'Université de Montpellier en ce temps-là ? Je vous le dirai. En 1614, Jean Fabre, qui devint plus tard un des médecins de Louis XIV, soutient une thèse entachée de la doctrine de Paracelse et d'empirisme: elle est annulée et l'auteur est invité à composer de nouvelles thèses conformes à la doctrine d'Hippocrate et de Galien. Jean Fabre refit ses thèses.

Bien plus tard, en 1674, le professeur Chastelain se permet

d'exprimer « une opinion contraire à celle d'Hippocrate, d'Aristote et de Galien, niant absolument toutes les formes matérielles, ce qui est d'une dangereuse suite non seulement dans la physique mais dans les autres sciences. » La Faculté se réunit, et, après délibération, renouvelle l'interdiction d'enseigner « une doctrine contraire à celle de l'Eschole. »

Cette intolérance nous paraît invraisemblable. Elle s'explique par la foi que les corporations enseignantes avaient dans la solidité des doctrines qu'elles tenaient du moyen âge, dans la pérennité de leur science. Elles s'obstinaient à fermer les yeux à la lumière, s'immobilisaient dans l'adoration d'un passé lointain, et quand Roger Bacon avait exprimé les pensées que le second Bacon a résumées en un mot *Antiquitas seculi, juventus mundi*, elles s'étaient détournées de ce qui pour elles n'était qu'un paradoxe dangereux.

Mais, en continuant sur ce terrain, je courrais le risque de paraître prononcer un réquisitoire contre les Universités. Je m'arrête, car j'ai hâte d'appeler à leur défense quelqu'un qui les connaissait fort bien, François Rabelais. Ce grand homme représente au cœur de la Renaissance le tour d'esprit du moyen âge et les besoins de la pensée nouvelle. Pendant qu'il écrivait l'histoire de Gargantua et de Pantagruel, il prenait ses grades à Montpellier. Ce puissant génie, auquel il a manqué de vivre dans des temps moins troublés, qui a dû se déguiser en bouffon pour n'être pas contraint de déguiser sa pensée, comprenait également l'utilité de corporations enseignantes bien organisées et la nécessité de renouveler les méthodes scientifiques. Ce qu'il a dit de l'éducation est un modèle de justesse et de sens ; l'usage, ou plutôt l'abus, qu'il fait de son érudition, prouve qu'il en supportait aisément le fardeau et qu'il en sentait le prix : ses allusions aux défauts des Universités sont d'une malice inoffensive.

Ouvrons le chapitre sur « les faits de Pantagruel en son jeune âge. »

Après que son père Gargantua lui eut fait faire, comme il

était petit, une arbalète pour s'ébattre après les oisillons, il l'envoie à l'école pour apprendre et passer son jeune âge. De fait vint à Poitiers et profita beaucoup. Il voulut ensuite visiter les autres Universités de France et alla à Bordeaux, auquel lieu ne trouva grand exercice, puis à Toulouse « où apprit fort bien à danser et à jouer de l'épée à deux mains, comme est l'usance des écoliers de ladite Université, mais il n'y demeura guère, quand il vit qu'ils faisaient brûler leurs régents tout vifs comme harengs sorets, disant : Ja Dieu ne plaise que ainsi je meure, car je suis de ma nature assez altéré sans me chauffer davantage. Puis vint à Montpellier où il trouva fort bons vins de Mirevaux et joyeuse compagnie, et il se cuida mettre à étudier en médecine, mais il considéra que l'état était fâcheux par trop et mélancolique... Pourtant voulait étudier en lois, » mais la Faculté de droit était à peu près déserte. Il partit pour Avignon où il ne fut que trois jours qu'il ne devint amoureux, ce que voyant son pédagogue nommé Épistémon, il l'en tira et le mena à Valence en Dauphiné ; « mais il vit qu'il n'y avait pas grand exercice et que les marroufles de la ville battaient les écoliers. Il s'en partit, et à trois pas et un saut, vint à Angers où il se trouvait fort bien, et y eût demeuré quelque espace, n'eût été que la peste les en chassa. » Il part donc pour Bourges où il étudie bien longtemps et profite beaucoup en la Faculté des lois. De là il vient à Orléans. Il y apprit avec les étudiants à jouer à la paume si bien qu'il en était maître. Et au regard de se rompre fort la tête à étudier, il ne le faisait mie, de peur que la vue ne lui diminuât. Mêmement que un quidam de régent disait souvent en ses lectures qu'il n'y a chose tant contraire à la vue comme est la maladie des yeux. Ces distractions n'empêchèrent pas notre voyageur d'étudier fort bien à Orléans. Il ne lui reste plus qu'à « visiter la grande Université de Paris. » Il part, et, à peine arrivé, il reçoit la lettre fameuse de son père Gargantua où, entre autres conseils, revient plusieurs fois celui de mettre à profit toutes les facilités que, depuis l'invention de l'imprimerie, l'on avait pour s'instruire. Pantagruel prit donc « nouveau courage et fut enflammé à profiter plus que jamais, de sorte que le voyant étudier et profiter, eussiez dit que tel était son esprit parmi les livres, comme est le feu parmi les brandes, tant il l'avoit infatigable et strident. »

Je n'ai pas besoin de souligner l'importance que présente au point de vue historique, ce jugement, très sérieux malgré sa forme plaisante, que l'homme le plus compétent a porté sur l'état de nos Facultés au XVIme siècle. Je retiens seulement ceci : le héros de Rabelais a fait son tour de France ; les occasions ne lui ont pas manqué pour tourner en ridicule les défauts du régime des universités ; il ne l'a pas fait ; bien au contraire, il donne l'exemple de rechercher leur enseignement, d'en profiter avec une ardeur infatigable. Or, à la manière dont Rabelais a traité les gens de justice et de religion, on peut juger de quelle façon il eût habillé les Docteurs, Licenciés et Étudiants, si, en somme, il n'eût reconnu que l'institution des Universités était bonne en soi, et qu'à leur école un grand et libre esprit, comme le sien, *profitait*, s'enrichissait de connaissances utiles.

L'on m'objectera la célèbre harangue de maître Janotus, délégué par l'Université de Paris pour réclamer les grosses cloches de Notre-Dame que Gargantua avait prises pour en faire des grelots à sa jument. J'accepte l'objection.

Qu'est-ce donc ce maître Janotus, ce *sophiste* chargé d'une mission pour laquelle il eût mieux valu choisir un *orateur*, que sont ces *maîtres inertes* qui l'accompagnent ? Ce sont les représentants de cette partie de l'enseignement des Universités qui était condamnée par l'opinion publique, les représentants de la Scolastique proprement dite, ceux qui, en face de l'humanisme triomphant, continuaient leur routine séculaire, qui laissaient au Collège de France l'honneur de renouveler les études classiques ; qui plus tard laissaient à une famille d'imprimeurs la gloire de composer le Trésor de la langue grecque, ignorants et infatués, entêtés d'un vocabulaire vide, d'autant plus hostiles au progrès qu'ils se sentaient incapables d'y contribuer. Le sophiste Janotus n'a qu'une arme : il déclare hérétiques tous ceux qui le contredisent : « nous les faisons comme de cire. » Mais n'y mettons pas plus de véhémence et de sévérité que Gargantua ne fit. Il rendit les cloches, abreuva l'orateur et le renvoya chargé de présents. Le malheur fut que ses collègues l'en dépouillèrent. Il eut beau les traiter de traîtres, d'hérétiques, d'ennemis de Dieu et des vertus ; rien n'y fit, on en vint à un procès lequel fut retenu par la cour, et « il y est encore ».

Ainsi le génie le plus sage, malgré sa fantaisie gothique, le plus clairvoyant, malgré l'étendue de son érudition, le plus impartial et le plus affranchi de préjugés, ne professe point d'inimitié pour les Universités. Il sait par expérience personnelle ce que ces corporations représentent de travail régulier, ce qu'elles ont fait déjà pour la diffusion de la science, et quel instrument puissant elles deviendront du jour où elles seront pénétrées de l'esprit moderne ; il le sait parce qu'il a été associé à leur vie et à leurs travaux, comme étudiant et comme maître dans notre Faculté de Médecine.

Or cette Faculté, en vertu de la nature même de ses études et des services qu'elle était appelée à rendre, ne pouvait rester étrangère au mouvement général des esprits. Le maître ès-arts continuait à commenter la doctrine de ses prédécesseurs, professait l'horreur du grec en philologie et l'horreur du vide en physique : le mal était petit, parce que, grâce à l'invention de l'imprimerie, les bons livres étaient dans toutes les mains. La médecine est à la fois une science et un art, la pratique y contrôle constamment la théorie. Fondée sur l'observation, elle a toujours appliqué plus ou moins la méthode expérimentale. La Faculté ne pouvait donc, malgré son respect pour les formules anciennes et pour ce qu'elle croyait la tradition Hippocratique, s'empêcher d'introduire des nouveautés dans son enseignement et de s'associer aux progrès qui s'accomplissaient journellement dans les sciences de la nature et de la vie. Nous verrons comment cette tendance réformatrice fut précisément représentée au seizième siècle par un des amis de Rabelais, par Rondelet, le spirituel docteur qui, sous le nom de Rondibilis, donne à Panurge les conseils que l'on sait.

De même les légistes, dont l'enseignement avait pour base ce merveilleux droit romain que l'on ne cessera jamais d'étudier, et qui, comme les médecins, sont toujours en contact avec les réalités de la vie, ne pouvaient rester sourds à tout ce qui se passait autour d'eux, à cette transformation générale des institutions et des usages qui, poursuivie depuis le règne de Philippe-le-Bel, devait aboutir à une refonte complète de nos lois par les Assemblées de la Révolution et par les jurisconsultes qui ont rédigé le Code français. Dans notre histoire littéraire, ils peuvent revendiquer un des plus grands noms, celui de Montesquieu ; dans l'histoire de la philologie moderne, ils peuvent revendiquer un grand honneur : c'est grâce à la méthode suivie pour l'étude du droit romain dans les Facultés françaises, où brillaient les Cujas, les Hotman, les Pithou, que la philologie a pris une forme et une portée nouvelles. Alors eut lieu ce qu'Estienne Pasquier appelle « le mariage de l'étude du droit avec les lettres humaines », cette union des recherches d'ordre historique et de l'examen rigoureux des textes ; alors se constitua la science de l'antiquité et la philologie se distingua pour toujours de la grammaire. Les guerres de religion, en imposant aux esprits des préoccupations d'un autre ordre, ont empêché la science française de continuer à avancer dans la voie qu'elle avait d'abord tracée avec une netteté surprenante, et la méthode dont elle avait eu l'initiative, empruntée par les Hollandais, puis à ceux-ci par les Anglais, a donné en Allemagne au XIXme siècle ses derniers et plus remarquables résultats. Mais rappelons-nous que la science de l'antiquité, si fière aujourd'hui, a un devoir de reconnaissance envers son pays d'origine, et qu'elle s'est d'abord constituée en France sous l'influence de l'enseignement du droit ; admirons la justice avec laquelle le médecin Rabelais, appréciant les diverses Universités de province auxquelles Pantagruel rend visite, insiste particulièrement sur l'importance que les études juridiques y avaient de son temps.

A Montpellier, dès le XVIme siècle, une seule Faculté reste active et prospère : la Faculté de Médecine. Elle a été le cœur de notre ancienne Université, autour d'elle s'étaient constituées les autres Facultés et, quand elles languissaient ou s'éteignaient, seule elle conservait la chaleur et le mouvement de la vie : *prima nascens, ultima moriens.* Laissez-moi vous dire quelques mots des améliorations qu'avant sa suppression elle avait successivement introduites dans ses programmes.

Au XIVme siècle l'usage des dissections anatomiques s'ajoute à l'étude de la chirurgie de Guy de Chauliac : la Faculté avait reçu l'autorisation de disséquer en 1376 par un privilège de Louis, duc d'Anjou, privilège qui fut confirmé par Charles-le-Mauvais et par les rois Charles VI, Charles VII, Charles VIII.

L'arrêt des Grands-Jours de Béziers en 1550 prescrit l'obligation de faire quatre anatomies par an et crée un cours de botanique, avec herborisations, qui sera fait de Pâques à la Saint-Luc.

En 1556 on inaugure un Théâtre, ou Amphithéâtre, anatomique ; le célèbre zoologiste Rondelet y professait. Il est d'ailleurs certain qu'une part de son temps était donnée à l'enseignement de la botanique, car c'est vers cette science que se portèrent de préférence ses disciples les plus éminents : Fuchs, Dalechamp, l'Ecluse, de Lobel, Jean Bauchin.

Cependant l'on remarquait que les étudiants commençaient à rechercher les Universités d'Italie où des Jardins des Plantes avaient été créés à Padoue, à Pise, à Bologne. Le roi Henri IV, sur la proposition de Henri de Montmorency, gouverneur du Languedoc, rendit à Vernon en décembre 1593 un édit qui créait une chaire d'anatomie et de botanique en faveur de Richer de Belleval, et ordonna par lettres-patentes l'acquisition d'un terrain destiné à servir de Jardin botanique. Telle est l'origine de ce magnifique établissement qui, ouvert en 1596, faisait dès lors l'admiration de tous les étrangers. Il est vrai que Richer de Belleval, dans son amour pour sa création, en vint à négliger ses fonctions de professeur d'anatomie, au point qu'une fois il oublia, trois ans de suite, de paraître à la Faculté. Ses collègues s'impatientèrent et décidèrent qu'il ne toucherait ses droits de présence aux examens qu'à la condition d'y assister et de les employer d'abord à acheter la robe rouge obligatoire. Ce détail vous fait sourire. La Faculté venait de reprendre le costume officiel dont il semble que l'on avait perdu l'habitude : « Le 28 novembre 1605, les Révérends Professeurs ont décidé, pour l'honneur et la décoration de cette École, que désormais à tous les examens de baccalauréat, de licence et de doctorat, ils mettront et porteront les robes de soie rouge que les rois leur ont accordées pour cet usage. Le contrevenant paiera une amende de cinq sous. » Mais ce luxe faisait ressortir davantage l'état misérable auquel de longs services avaient réduit la robe dite de Rabelais que les candidats endossaient le jour de l'examen. Le 15 décembre 1612, Ranchin, pour témoigner sa reconnaissance à ses collègues qui lui avaient promis de le nommer Chancelier, fit don à la Faculté d'un beau tapis pour la table du Conseil et d'une robe de Rabelais toute neuve. On le remercia chaudement et la mention en est au registre : « in cujus rei fidem hic omnes laetabundi et congratulantes subscripserunt. »

Nous oublierons que Richer de Belleval fut un professeur irrégulier, et nous nous souviendrons seulement du passage de son testament où il estime à cent mille livres les dépenses personnelles qu'il avait faites en faveur de notre jardin botanique. C'est là que Magnol a découvert les principes de la classification naturelle et qu'il les a fait connaître à Antoine de Jussieu ; c'est là que de Sauvages, Cusson, Gouan, Barthez ont enseigné. Je dois avouer qu'une dynastie de Chicoynaud a trop longtemps accaparé la direction du jardin, que vers la fin du siècle dernier il était en fort mauvais état et que sa beauté actuelle date de l'administration de Broussonnet et de de Candolle. Mais il n'en est pas moins vrai que la Faculté de Médecine a largement contribué aux progrès de la botanique.

En 1595, Henri IV institua à Montpellier une charge de dissecteur ou d'anatomiste royal ; le premier titulaire, Barthélemy Cabrol, remplissait en réalité cet emploi depuis 1550. C'est encore Henri IV qui crée en 1597 la chaire de chirurgie et de pharmacie. En 1601 apparaissent les désignations générales de Physiologie et de Pathologie sans l'indication d'un texte déterminé à commenter, ce qui implique une conception toute nouvelle de la science médicale et de la manière de l'étudier. En 1604 le cours d'anatomie de Richer de Belleval prend le titre d'Histoire du corps humain. Ces réformes, se succédant en quelques années, constituaient une véritable révolution. Je soupçonne que les partisans des vieux usages furent troublés dans leur quiétude, et qu'ils prirent une revanche innocente en imposant à nouveau le port du costume officiel. Mais la partie était bien gagnée pour la science et le progrès. Sous Louis XIV nous remarquons la création d'une chaire royale de chimie. En 1749, nous constatons l'existence de laboratoires de chimie auxquels les étudiants avaient accès. Dès 1763 une place est faite officiellement à l'enseignement clinique ; en 1769, par une innovation heureuse, Broussonnet ouvre un cours de médecine légale.

Cette rapide esquisse, qui serait mieux tracée par un homme plus compétent, suffit à prouver qu'une des Facultés de Montpellier, la plus ancienne et la plus importante de toutes, celle où la tradition avait nécessairement le plus d'autorité, a progressé constamment, jusqu'au jour où la Convention décréta la suppression des Universités. Je ne puis m'empêcher de croire que si toutes les Facultés avaient entendu leur mission comme notre Faculté de Médecine, la Convention y eût regardé à deux fois avant de prendre un parti aussi radical. Du moins leur cause eût été plus facile à défendre.

Les haines que le régime des corporations avaient soulevées, l'impopularité des privilèges, toutes choses qui sont bien loin de nous, expliquent la mesure générale dans laquelle fut comprise la Faculté de Médecine de Montpellier ; mais, si embrassant d'un coup d'œil sa longue carrière, nous négligeons les imperfections de détail pour ne nous attacher qu'à l'ensemble, nous reconnaissons que sa grande réputation dans le monde était justifiée par les services qu'elle avait rendus à la science et à l'humanité. En le disant je ne fais que résumer les adresses que tous les corps savants de la France et de l'étranger nous ont apportées, il y a un an ; et, de leur côté les Facultés qui ont hérité du dépôt de cette illustre renommée, savent que l'Université moderne aura toujours envers sa vénérable ancêtre un devoir de filiale et respectueuse piété.

La Convention n'eut pas le temps de réédifier le haut enseignement sur des bases nouvelles, et, quand Napoléon créa l'Université de France, il n'hésita point à y comprendre des Facultés. Il n'y voyait guère que des écoles professionnelles chargées de préparer aux carrières dites libérales. Elevé à l'École de Brienne, il n'avait aucune idée de ce que l'enseignement supérieur, une fois livré à lui-même, pourrait montrer d'activité et de fécondité. Ce qu'ont fait nos Facultés au XIXme siècle, leur part dans le progrès général, leur rôle actuel, sont choses connues de tous. Elles se sont relevées grâce à la conscience qu'elles ont eue de leur mission. Le professeur du haut enseignement n'est pas chargé uniquement de distribuer la science faite ; il a le devoir d'ajouter par ses recherches personnelles à la somme des vérités déjà connues ; il doit être un savant et un chercheur. Les étudiants qui viennent à lui, comptent qu'il les initiera à tous les progrès contemporains. Le ferait-il, s'il n'était personnellement associé au travail universel ? Je vous ai dit comment à l'époque de la Renaissance la science libre a créé les Académies et j'ai rendu hommage à ces réunions d'hommes éminents et désintéressés. Mais le progrès normal est mieux assuré par l'existence de corps possédant des attributions définies et des ressources régulières, prenant une part principale à la diffusion des connaissances, aiguillonnés par le sentiment de la responsabilité. Ces corps sont les Facultés. Pauvrement dotées d'abord, elles ont suppléé à ce qui leur faisait défaut, par leur dévouement au devoir professionnel : elles ont enseigné et elles ont accru la science. Isolées, sans relations entre elles, soumises parfois à une tutelle arbitraire et inintelligente, elles ont porté témoignage en faveur de l'énergie toujours renaissante du génie national et maintenu en face des Universités si florissantes du Nord le vieux renom de la science et de l'érudition françaises.

Elles savent qu'elles ne dépendent que de la science et que, de leur union avec leur raison d'être, découlent leur autorité et leur dignité.

De l'ancien régime de corporations, elles ont retenu le seul privilège utile, celui d'intervenir dans la nomination de ceux qui les composent. Ainsi elles ont échappé à cette omnipotence du pouvoir administratif qui aspirerait volontiers à transformer en une hiérarchie de fonctionnaires tous les serviteurs du pays. Elles demeurent des foyers de liberté où toutes les opinions sincères sont respectées.

Sous la monarchie bureaucratique qui a été le gouvernement de la France depuis le commencement de ce siècle, jusqu'à l'établissement de la République actuelle, elles ont fait respecter leurs droits : de nos jours elles n'ont plus même à les défendre, puisqu'on serait plutôt disposé à leur en reconnaître de nouveaux.

Certains regrettent qu'elles aient gardé des traces d'antiquité : des costumes qui datent de saint Louis, des cérémonies que Molière a portées au théâtre, des grades qui ne répondent peut-être pas très bien aux habitudes et aux besoins de notre société. L'on est docteur sans être en mesure d'enseigner, et le baccalauréat semble le plus encombrant des anachronismes. Mais tout cela n'a pas grand inconvénient, et l'histoire naturelle nous montre dans les animaux supérieurs des organes inutiles, simples témoins de formes antérieures, que nous portons en nous sans en être autrement incommodés.

Vous serez justement surpris qu'arrivé ainsi au XIXme siècle, je ne vous présente pas au moins un sommaire de ce que les Facultés de Montpellier ont fait depuis leur reconstitution. Le sujet me tentait, et je ne renonce à le traiter qu'avec un extrême déplaisir. Me borner à énumérer une longue suite de noms illustres qui vous sont connus aussi bien qu'à moi, dont plusieurs sont encore si honorablement portés dans notre cité, serait abuser de votre temps sans remplir votre légitime attente. Nos Facultés de Médecine, des Sciences et des Lettres, notre École Supérieure de Pharmacie et leur plus jeune sœur, la Faculté de Droit, ont, dès le jour où chacune a été créée, pris rang parmi les établissements d'enseignement supérieur les plus importants de notre pays. Il n'est aucune branche de la science où vous ne trouviez la part des travaux des professeurs du Montpellier moderne : médecine, chirurgie, chimie, mathématiques, physique, histoire naturelle, histoire, législation, économie politique, histoire littéraire, philologie, partout je pourrais citer des œuvres qui restent, qui sont la contribution de nos Écoles à l'œuvre immense du progrès scientifique, qui les autorisent à revendiquer leur titre ancien d'Université. Mais, je vous le répète, je ne puis aborder en ce moment un sujet si considérable : pour seulement l'effleurer, il faudrait une conférence entière.

Nos Facultés ont ainsi, par leur propre effort, recouvré une considération égale à celles dont elles jouissaient dans le passé. Mais, dans cette œuvre de relèvement, elles ont rencontré un adversaire redoutable : Paris.

Je ne suis pas de ceux qui déclament contre la centralisation. L'unité de notre pays n'a résisté aux plus terribles assauts que par la force de ce puissant lien qui groupe en un faisceau indestructible toutes les énergies nationales. J'admire et j'aime Paris, ce résumé de la France, ce microcosme où la vie intellectuelle atteint une intensité merveilleuse et toujours féconde. Dans l'histoire de la civilisation, il y a quatre noms de cités : Athènes, Rome, Florence, Paris. Ni Berlin, ni cette usine immense que l'on appelle Londres, n'égaleront Paris. En médire serait médire de la France elle-même. Paris exerçait déjà cette suprématie au moyen âge, et il ne cessera de l'exercer tant que notre pays restera ce qu'il a été, ce qu'il est encore, la partie la plus chaude, la plus vivante, la plus vibrante de ce grand corps qui est l'humanité.

Mais, Mesdames et Messieurs, tous les Français ne peuvent vivre et étudier à Paris ; y concentrer, comme on avait pris l'habitude de le faire, les établissements de haut enseignement, y multiplier les chaires, y prodiguer, sans compter, les ressources de toute espèce, et négliger le reste du pays, était à la fois une injustice et une faute. L'on avait sous les yeux l'exemple des Universités allemandes qui, sur un territoire à peu près égal au nôtre, offrent partout à l'étudiant les moyens de s'instruire, sans qu'il soit obligé de s'éloigner de ses foyers. L'on constatait que la Faculté de Médecine de Montpellier, la Faculté de Droit de Toulouse et bien d'autres, demeuraient fréquentées, honorées. L'on reconnaissait que l'intérêt national était de fortifier ces centres qui entretenaient dans les départements le goût des études libérales.

Depuis la chute du second Empire un souffle de liberté courait dans l'air, la grande autorité de la capitale était fort compromise, et la province, qui pendant plusieurs mois avait représenté la défense active du pays contre l'envahisseur, concevait l'ambition très légitime d'obtenir une plus grande influence sur l'administration générale du pays.

On fut ainsi amené à comprendre qu'il y avait lieu de réorganiser l'Enseignement Supérieur et de créer des Universités dans les villes qui en possédaient déjà les éléments, c'est-à-dire des Facultés florissantes. Dès 1876, M. Waddington annonçait au Congrès des Sociétés savantes son intention de présenter un projet de loi établissant un certain nombre d'Universités. La crise du 16 Mai marqua un temps d'arrêt. En 1885 on fit un pas en avant ; l'on groupa les Facultés en un corps représenté par un Conseil général élu, véritable Sénat académique. Depuis la célébration de notre Centenaire, le projet de loi, si longtemps espéré, a été déposé par le Gouvernement sur le bureau du Sénat, et une Commission, présidée par l'honorable M. Jules Simon, en achève en ce moment l'examen. M. Bourgeois sera, tout le monde en est convaincu, plus heureux que M. Waddington ; il attachera son nom à une des plus utiles réformes qui doivent marquer un siècle, qui est décidément destiné à finir tout autrement qu'il n'a commencé.

Ni au Sénat, ni dans les Facultés, l'on ne rêve de restaurer les Universités anciennes. Il s'agit d'obtenir qu'une loi sanctionne le fait accompli du groupement des Facultés, rétablisse le titre d'Université régionale et détermine les centres auxquels ce titre sera définitivement accordé.

Ces réformes, qui paraissent si simples, auront des conséquences considérables. Le seul mot d'Université régionale n'éveille-t-il pas un tout autre ensemble d'idées que celui de Faculté ? Au lieu d'Écoles distinctes, ayant chacune ses habitudes et ses intérêts particuliers, nous concevons un groupe collaborant avec toutes ses ressources à une œuvre commune, associant et combinant ses moyens d'action suivant les circonstances, tenant compte des besoins de la région où il est placé, des aptitudes, du génie de la population dans le sein de laquelle il recrute ses étudiants et ses auditeurs, y trouvant même à l'occasion des auxiliaires, se définissant lui-même sa tâche scientifique, ayant nettement conscience de ce qu'il est, de ce qu'il vaut, de ce qu'il peut. Des améliorations importantes ont été réalisées dans ce sens et il faut en savoir gré à l'Administration supérieure qui les a encouragées, exemple qui prouve bien qu'il n'y a rien d'absolu en ce monde et qu'il ne faut pas médire inconsidérément de la centralisation. Mais que ne sera-ce pas lorsque l'Université aura un

droit officiel à l'existence, qu'elle aura l'honneur et la responsabilité de représenter non seulement l'intérêt général de la
science, motif un peu vague et abstrait, mais une ville déter-
minée, Lyon ou Montpellier ? Ce qui n'est actuellement qu'un
groupe, deviendra un tout homogène, une personnalité dési-
reuse de porter dignement le nom dont elle aura la charge.

Je sais bien que la vérité est une et que, malgré l'avis de
Pascal, elle ne change pas avec les climats. Mais on com-
prend très bien que telles parties de la science soient culti-
vées avec plus ou moins de goût et de succès suivant les
lieux. Laissons faire le temps, et chaque Université, par la
force même des choses, prendra une physionomie propre.

Ce n'est pas tout. Entre l'Université et le milieu qui l'entoure, il se créera une sorte d'intimité qui lui sera une
exhortation permanente à rendre tous les services que l'on
est en droit d'attendre d'un centre de hautes études. Elle ne
sera pas seulement un corps d'Instituts ayant mission d'instruire la jeunesse ; par la diversité des objets vers lesquels
elle appellera l'attention, par les sympathies qui s'attache-
ront à ses travaux, par les concours eux-mêmes qu'elle
sollicitera, elle conquerra sans peine le droit de cité et deviendra partie intégrante de la vie locale. Ainsi elle sera l'agent
le plus efficace du progrès. L'on ne sera plus tenté de toujours chercher la lumière dans la direction de Paris, sans
penser que le rayonnement de ce point brillant s'affaiblit en
raison de la distance, et l'on sentira d'autant mieux les solides
avantages de la vie de province.

En attendant ces résultats de la réforme qui se prépare,
quel est notre devoir ? Je vous le dirai en un mot : nous
devons tout faire pour assurer l'avenir de l'Université qui va
nous être rendue. J'ajoute que c'est aussi notre intérêt, car
il n'y a pas de ville dont la prospérité soit aussi étroitement
liée à celle de ses grandes Écoles. Or il ne faut pas nous le
dissimuler : du jour où les Universités auront été instituées,
il s'établira entre elles une rivalité semblable à celle que l'on
constate entre les Universités étrangères. Ce sera un con-

cours toujours ouvert où le succès appartiendra, non au plus ancien, mais au plus digne, c'est-à-dire au groupe de Facultés que la perfection de leur installation et le mérite éminent des maîtres désigneront aux préférences des étudiants.

En fondant l'Association des Amis de l'Université, nous avons d'abord voulu donner une preuve publique du désir que nous avons de voir conférer définitivement ce titre à des Facultés qui le porteront avec honneur, puis assurer à cette Université un concours permanent.

L'on a la mauvaise habitude de se plaindre constamment du pouvoir central tout en s'en remettant sur lui du soin de faire marcher les choses. Il vaudrait mieux faire acte d'initiative dans les matières où le pouvoir central est nécessairement impuissant. L'État exerce et exercera un contrôle sur l'enseignement public, il contribuera toujours pour une grosse part à ses dépenses ; mais il ne peut favoriser telle région plutôt que telle autre. Je prendrai un exemple. Dans le Midi, il n'y avait autrefois que deux Facultés de droit, il y en a aujourd'hui quatre : Aix, Montpellier, Toulouse, Bordeaux. Une concurrence s'est établie entre ces Facultés plus nombreuses et plus rapprochées. Qu'y peut faire l'État ? Rien. Son rôle n'est pas de préférer tel ou tel centre d'études, il doit demeurer impartial. C'est à nous, Association d'Amis, qu'il appartient de suppléer ici à l'incapacité de l'État.

Au moyen âge il n'y avait pas d'administration centrale et l'on pratiquait le vieil adage : Aide-toi, le ciel t'aidera. L'on n'épargnait rien pour rendre à l'étudiant la vie plus facile et plus agréable, pour appeler auprès de soi les maîtres les plus célèbres. Nous ne croyons pas que Messieurs les Étudiants réclament, comme leurs devanciers, l'exemption du droit d'octroi pour les vins destinés à leur consommation, ni qu'il y ait lieu de négocier avec un nouveau Casaubon pour qu'il consente à venir enseigner chez nous. Mais il faut ajouter aux ressources propres de notre Université, la faire propriétaire comme la loi le permet déjà, lui créer une fortune personnelle, en un mot la rendre riche, aussi riche que le sont les Universités étrangères. Que fera-t-elle de cette richesse? Créera-t-elle des cours nouveaux? Instituera-t-elle des prix, des bourses d'études? L'Association se bornera-t-elle à lui transmettre les fonds que nous aurons recueillis? N'aurons-nous pas à côté d'elle, nous, ses amis, un rôle indépendant et actif? Tout cela est à examiner, mais ce que je puis vous dire sans courir le risque de me tromper, c'est que si l'argent est difficile à réunir, rien n'est plus aisé que de le dépenser, quelque économie parcimonieuse que l'on mette dans l'emploi que l'on en fait.

Je vous demande de vous proposer un idéal. A certains égards Montpellier a perdu la primauté qu'il possédait dans le Midi. La création de Cette a détruit notre commerce de mer, et, quand on nous parle de nos Consuls de mer, nous ne pouvons nous empêcher de penser aux fonctions imaginaires de l'amiral suisse. Mais nous n'en sommes pas moins restés des riverains de la Méditerranée. Or, depuis la conquête de l'Algérie et l'occupation de la Tunisie, depuis que nous nous appliquons sérieusement à nous constituer un vaste empire en Afrique, le centre de gravité de la France s'est déplacé vers le Sud. La première idée du chemin de fer Transsaharien est éclose à Montpellier. Des sceptiques prétendent qu'il serait imprudent de placer ses capitaux dans cette entreprise et qu'il s'écoulera des siècles avant que la gare délivre ici des billets d'aller-retour pour Tombouctou. J'ai entendu des propos pareils quand il s'agissait de percer le Mont-Cenis, de creuser le Canal de Suez, de poser le premier câble transatlantique. La nouveauté grandiose a toujours grand'peine à se faire accepter, surtout dans notre pays de France, le plus fertile en inventions utiles, le plus ingrat pour les inventeurs. Quoi qu'il doive advenir du Transsaharien et de nos entreprises au Soudan, on ne peut nier que déjà des relations constantes et considérables n'existent entre nos rivages et ceux de l'Afrique. Quel sera le centre intellectuel de cette France méridionale, quel sera le point de la vieille patrie vers lequel convergeront les pensées de nos colons d'outre-mer ? Quelle est la ville où les amis que la France possède depuis Gibraltar jusqu'aux Échelles du Levant, viendront tout naturellement prendre le contact de notre civilisation représentée par ce qu'elle a de meilleur, sa haute culture, son goût de la science et de l'art ? Ce sera Montpellier, ou plutôt il l'est dès à présent, car il n'y a nulle part ailleurs une aussi grande proportion d'étudiants venus de tous les bords de la Méditerranée.

Il suffit de consolider et d'améliorer notre situation actuelle, et, ce que j'appelais tout-à-l'heure un idéal, cette pensée de transformer notre cité en une métropole intellectuelle du Midi, deviendra une réalité.

Considérons froidement ce que nous sommes, et voyons si de telles ambitions nous sont interdites. Notre ville compte aujourd'hui soixante-dix mille habitants parmi lesquels l'élément aisé prédomine de beaucoup. La région qui nous entoure immédiatement, est une des plus riches de la France. Le goût des arts n'est nulle part plus répandu ni plus éclairé. Notre organisation scientifique peut être prise pour modèle. Autour de nos Facultés, et dans une étroite communion avec elles, se soutiennent par leurs propres ressources l'Académie des Sciences et Lettres, la Société d'Archéologie, la Société des Langues romanes, la Société de Géographie. L'École d'Agriculture ne craint aucune comparaison. L'enseignement secondaire est donné dans d'excellents établissements. Pour l'enseignement primaire, je ne saurais oublier qu'en 1889, à l'Exposition universelle, j'ai constaté que sur la carte de France où une nuance plus ou moins grise marquait la proportion des illettrés par département, l'Hérault seul présentait une teinte parfaitement blanche, témoignant que la tache d'ignorance y était complètement effacée.

Ce milieu privilégié, cet ensemble de circonstances favorables, nous autorisent à affirmer que notre Université nouvelle aura une destinée plus glorieuse encore que les Écoles ouvertes au XIIme siècle sous le gouvernement des comtes

Guilhems et réunies en un *Studium generale* par la bulle pontificale du 26 octobre 1289.

Le tort des chanteurs, disait Horace, est de se faire prier d'abord, puis de ne savoir plus se taire. J'ai peur que le conférencier d'aujourd'hui ne vous paraisse mériter une critique semblable. Cependant, j'ai l'occasion de vous dire ce que vaut l'initiative montpelliéraine, ce qu'elle a fait : il m'est bien difficile de ne pas vous retenir encore.

Il y a près de cent quarante ans, en 1752, la ville faisait de grosses dépenses pour l'aqueduc de Saint-Clément ; à la même époque des amateurs se réunissaient pour fonder une Académie de musique sous le patronage du duc de Richelieu, gouverneur de la province : ils étaient fort désireux d'avoir à leur disposition une salle afin d'y donner des concerts. Ils imaginèrent de lier leur intérêt à un intérêt plus général. Ils firent entendre à M. de Richelieu qu'une ville telle que Montpellier ne pouvait se passer d'un théâtre, et le gouverneur présenta à l'Assemblée municipale un projet tendant à la construction d'un bâtiment contenant une ou deux salles. Le Maire d'alors, M. de Massilian, eut beau réclamer, alléguer l'état des finances : on passa outre et l'on construisit un théâtre et une salle des concerts. Celle-ci fut aménagée sous le contrôle d'une commission qui comptait parmi ses membres les Directeurs de l'Académie de musique. L'ouverture eut lieu le 20 décembre 1755, on représente l'opéra de Pyrame et Thisbé. Depuis lors les représentations et les concerts n'ont pas discontinué, bien que le théâtre ait brûlé deux fois. C'est donc à l'initiative d'une société d'amateurs que nous devons et notre beau théâtre et la salle où nous sommes réunis aujourd'hui.

Quelques années plus tard, en 1770, une société d'amateurs des Beaux-Arts créa une école gratuite de dessin et d'architecture qui prit elle aussi le nom d'Académie. De là datent les expositions artistiques dont l'usage s'est maintenu jusqu'à nous. Quand, au commencement de ce siècle, on voulut organiser l'enseignement du dessin, on ne fit guère que reprendre les statuts et les règlements de l'Académie. Telles sont les origines de notre École régionale des Beaux-Arts.

Les noms de Fabre, de Ferogio, d'Abric, de Cabanel, de Paladilhe, prouvent que l'initiative privée, en obligeant la Municipalité à encourager l'étude des arts, avait eu raison.

Notre Académie des Sciences et Lettres a aussi de beaux souvenirs. Seule de toutes les Sociétés de province, elle fut unie en un même corps avec l'Académie des Sciences de Paris : elle en fut, pour employer les termes de ses lettres-patentes, « comme une partie et une extension. » Les deux Sociétés devaient échanger leurs travaux, et les membres de l'Académie de Paris avaient droit de séance à la Société de Montpellier, les membres de la Société à l'Académie de Paris.

Voilà quels étaient les fruits de l'initiative privée dans cette ville au siècle dernier. Au XIXme siècle, je me bornerais à mentionner la donation de Fabre qui a constitué notre musée et notre bibliothèque, et les libéralités nombreuses qui ont tellement enrichi ces deux établissements, si tout récemment un legs d'un ami des Arts n'avait provoqué la création d'une École de Musique : sous la direction de maîtres habiles elle a donné de si excellents résultats qu'elle est en passe de devenir un Conservatoire et reçoit déjà une subvention de l'État.

Ces exemples sont instructifs et encourageants, instructifs parce qu'ils montrent que les œuvres de l'initiative privée ont toujours réussi, encourageants parce qu'ils prouvent que nous avons raison d'avoir confiance dans le bon vouloir, dans la générosité des habitants de Montpellier.

La fête du Centenaire n'était pas pour eux une vaine satisfaction d'amour-propre, c'était l'attestation des droits de cette ville à demeurer un des centres importants du haut enseignement, l'affirmation de leur ferme décision d'apporter un concours persévérant à la prospérité de leur Université. Leur unanimité a donné à nos fêtes un caractère imposant de sérénité et de grandeur. Après un an, nous

nous retrouvons devant vous, espérant que vous serez également unanimes pour approuver notre entreprise, pour y adhérer, pour la soutenir fidèlement. Il ne s'agit plus d'un effort momentané, mais de faire à la cause de l'Université une constante part dans votre pensée, j'allais dire dans votre économie domestique.

Les aristocraties anciennes avaient leur Livre d'Or. De nos jours, l'on ne fait plus figurer son nom que sur des listes de souscription, mais ces listes, quand elles constituent la base d'une coopération utile et généreuse, méritent de prendre place parmi les documents les plus précieux, les plus respectés des archives d'une cité.

La conférence du sympathique doyen de la Faculté des lettres a été fort goûtée de l'auditoire.

M. le Recteur a prononcé à la fin de la séance l'allocution suivante dans laquelle il a remercié l'Association de l'appui moral et matériel qu'elle se préparait à apporter à notre Université Montpelliéraine.

Allocution de M. le Recteur.

MESDAMES, MESSIEURS,

Je ne veux pas laisser passer cette occasion d'exprimer à l'Association qui affirme aujourd'hui, pour la première fois, publiquement, son existence, nos naturels sentiments de reconnaissance et d'affection, comme aussi l'espoir que nous fondons sur elle.

Elle est, en apparence, la plus jeune des associations de même but et de même nom qui se sont créées depuis quelque temps dans nos villes universitaires. Mais il y a deux

choses dans une association : il y a l'esprit qui l'anime, et
par lequel, seul, elle peut vivre et durer; il y a l'organisation et la forme qu'elle se donne. Si, pour ce dernier élément,
votre Association date d'hier, n'est-elle pas, pour le premier, la plus ancienne parmi ses émules ? Quelle est la ville
où les traditions universitaires aient été depuis plus longtemps en honneur, où le véritable esprit universitaire, c'est-
à-dire la sympathie et l'estime pour la science et les savants, l'intérêt pris par tous à leurs travaux, l'habitude de
faire à l'enseignement supérieur une place de choix dans les
préoccupations et les affections publiques, soit depuis plus
longtemps comme une forme familière et naturelle de l'esprit de la cité ? On l'a bien vu, l'année dernière, quand, en
quelques jours, votre concours unanime a fait comme jaillir
du sol les ressources nécessaires à l'organisation de vos
fêtes, et quand, au jour même de leur célébration, l'enthousiasme de tous leur a fait un cadre moral plus admirable encore que le splendide décor du Peyrou. Je dirai plus : c'est la
conscience même de cet amour pour votre Université, c'est
votre inébranlable et fière confiance dans son avenir, qui
explique seule que l'Association des Amis de l'Université ne
se soit pas constituée plus tôt. Qui donc, à Montpellier, n'est-
pas ami de l'Université ? Est-il besoin d'entrer dans une
Association pour faire preuve de cette amitié, élément inté-
grant de votre vie commune ? Et prendre ce titre pour quelques-uns, n'est-ce pas transformer en une sorte de privilège
le bien de tous ?

Messieurs, il ne faut pas vivre longtemps à Montpellier
pour être frappé de ce qu'il y a de vrai dans cette idée et
dans ce sentiment. Mais il faut aussi, cependant, avoir sans
cesse devant les yeux, et les conditions essentielles de vitalité des universités que nous aspirons à fonder et les conditions du triomphe dans la lutte entre les villes que même
ambition anime.

Une véritable université régionale ne sera pas seulement
constituée par la fusion intime des facultés, par les rapports

de plus en plus étroits de ses maîtres et de ses étudiants, par un développement plus ardent et plus libre de la recherche scientifique ; ses titres ne seront pas seulement dans l'éclat de l'enseignement et des travaux de ses professeurs, dans le nombre et le succès de ses élèves ; il faut avant tout, pour remplir sa mission, qu'elle soit un centre de vie intellectuelle, de plus en plus active et réfléchie, pour le pays au sein duquel elle est appelée à se développer ; il faut qu'elle rattache à elle, par une sympathie constante et efficace, tout ce qu'il y aura, autour d'elle, de bonnes volontés et de généreux efforts vers le vrai ; elle ne guidera, elle n'inspirera vraiment la région dont elle aspire à devenir l'âme qu'en se façonnant à son image, en développant ses qualités natives, en fécondant ses ressources, en recevant d'elle autant qu'elle lui donnera, en dégageant de cet échange, de ses relations incessantes, ce qui sera son caractère propre et sa personnalité, c'est-à-dire, sa véritable raison d'être.

Cela, Messieurs, vous l'avez déjà à Montpellier ; vous l'avez par la tradition de votre glorieux passé ; vous l'avez par l'union qui s'est faite autour de votre Université renaissante, par les services qu'elle a rendus, par ceux qu'on attend d'elle, par l'espoir et la confiance qu'elle a fait naître autour d'elle. Parmi les hôtes accourus, il y a un an, à votre Centenaire, il n'en est pas un, j'en suis certain, qui, du spectacle de vos fêtes, n'ait emporté cette conviction profonde.

Mais du succès même de ces fêtes découlent des obligations nouvelles : on vous a admirés et on vous a enviés ; l'annonce, puis le dépôt du projet de loi sur les universités, a suscité, de toute part, une émulation à laquelle vous ne pouvez rester indifférents. Une sorte de lutte de vitesse s'est engagée entre les villes qui aspirent à devenir le siège d'une université. C'est à vous de maintenir votre rang, et c'est ici que je vois, entre les buts divers qui s'offrent à votre Association, le service le plus important qu'elle puisse rendre à Montpellier, le rôle le plus élevé à la fois et le plus utile qu'elle soit appelée à remplir.

Elle sera le lien vivant de votre Université avec votre ville et avec votre région tout entière. C'est par elle que se noueront et se renoueront ces relations fécondes dont je parlais il n'y a qu'un instant. On vous disait tout-à-l'heure que, si les universités du moyen âge, après avoir été d'ardents foyers de vie intellectuelle, avaient vu peu à peu diminuer leur force et s'éteindre leur éclat, c'est qu'elles avaient fini par se trop renfermer en elles-mêmes. L'Association des Amis de l'Université écartera de nous un tel danger, s'il devait se présenter jamais, en fondant l'une dans l'autre la vie universitaire et la vie sociale. Mais aussi, dès aujourd'hui, le nombre de ses adhérents, sa prospérité, seront les témoins, visibles pour tous, de cet esprit universitaire dont votre ville et votre province ont si fidèlement, depuis des siècles, gardé le dépôt. Ils montreront Montpellier et le Languedoc unis autour de leur Université, opposant à tout péril, à toute attaque, le mur d'airain d'un dévouement résolu à tous les efforts et à tous les sacrifices. Ils confirmeront, et accroîtront s'il en est besoin, les titres de votre ville à rester un des centres les plus florissants de la culture scientifique française, une véritable capitale intellectuelle.

Messieurs, il suffit qu'un tel but soit proposé à vos efforts, pour que, sur ce point comme sur les autres, le passé nous réponde de l'avenir, et que nous soyons assurés de marcher à de nouveaux succès, dans la voie où nous serons, vous et nous, soutenus et encouragés par ce double amour, plus que jamais uni et confondu dans nos âmes, l'amour de la science et l'amour de la patrie.

STATUTS

DE

L'ASSOCIATION DES AMIS DE L'UNIVERSITÉ

DE

MONTPELLIER

ARTICLE I.

Une société est créée sous le nom des *Amis de l'Université de Montpellier*. Elle a pour but d'aider, dans la mesure de ses ressources, à la reconnaissance et au développement d'une université régionale à Montpellier.

ART. II.

Tous ceux qui s'intéressent à l'Université de Montpellier peuvent faire partie de cette société pourvu qu'ils soient âgés de plus de vingt-un ans révolus. Ils sont présentés par deux membres de la Société et reçus par le Comité. Ils payent une cotisation annuelle de dix francs.

ART. III.

Sont *membres fondateurs* les sociétaires qui versent, pour tenir lieu de leur cotisation, une somme de deux cents francs.

Art. IV.

Les ressources de la Société se composent des cotisations, des subventions de l'État, des communes, des départements, ainsi que des dons des particuliers.

Art. V.

La Société sera administrée par un comité composé de vingt-quatre membres. En font partie de droit les quatre doyens, le directeur de l'École de pharmacie et le président de l'Association des étudiants. Les premiers peuvent se faire représenter par un professeur choisi par chacun d'eux et le président de l'Association des étudiants par un membre du bureau de cette association.

Les dix-huit autres membres sont élus parmi les sociétaires par l'assemblée générale. Les membres absents peuvent prendre part au vote en adressant leur bulletin sous pli cacheté au président de l'Association de façon à ce qu'il lui parvienne la veille de la réunion.

L'élection des universitaires est limitée à quatre membres. Ils sont choisis d'après le nombre des suffrages exprimés.

Les membres du Comité sont renouvelés par tiers, tous les ans. Ils peuvent être réélus. Le Comité remplace, pendant le cours de l'exercice, les membres décédés ou démissionnaires.

Art. VI.

Le Comité nomme annuellement, à la majorité des membres présents, dans les quinze jours qui suivent son élection, un président, un vice-président, un secrétaire-général, deux secrétaires et un trésorier.

Ils représentent la Société et le Comité.

Un règlement intérieur, que dressera le Comité, fixe leurs attributions.

Art. VII.

Le Comité administre la Société et est investi à cet égard de pleins pouvoirs. Il délibère à la majorité des membres présents.

Il fixe l'emploi des fonds réalisés et disponibles en vue du but pour lequel la Société a été créée.

Il est tenu d'employer en rentes sur l'État Français les sommes versées par les sociétaires fondateurs, ainsi que celles qui sont données sous la condition qu'il en sera fait cet emploi. Il détermine chaque année la somme qu'il jugera devoir être prélevée sur le total des recettes pour être ainsi employée.

Art. VIII.

Les sociétaires se réunissent en assemblée générale tous les ans au moins une fois dans le courant de fin février. Cette assemblée délibère à la majorité des membres présents.

Elle procède à l'élection du tiers sortant des membres du Comité. Le Comité lui expose les actes de sa gestion.

La clôture de chaque exercice est fixée, au 31 décembre. A cette date le Comité dresse la liste des sociétaires, l'état des recettes et des dépenses ainsi que des rentes acquises, fait imprimer le tout et en transmet la communication aux sociétaires dix jours au moins avant leur réunion.

Art. IX.

Tout sociétaire qui veut sortir de la Société doit dénoncer sa démission avant le 15 décembre de chaque année.

Art. X.

La Société ne pourra être dissoute qu'en vertu d'une délibération prise à la majorité absolue de tous les sociétaires.

Si la dissolution est prononcée, tout l'actif net et disponible, y compris les rentes acquises, sera transmis aux quatre Facultés et à l'École de pharmacie, ou bien à l'Université, si elle est reconnue par l'État, pour servir encore au développement de l'enseignement supérieur.

Art. XI.

Les sociétaires seront convoqués le 20 mars de la présente année en assemblée générale pour procéder à l'élection du Comité.

En 1892 et en 1893 le tiers sortant du Comité sera fixé par le tirage au sort.

Art. XII.

Le siège social est fixé à Montpellier, au Palais de l'Université.

Art. XIII.

Toutes discussions politiques ou religieuses sont interdites dans les réunions.

Art. XIV.

Dans le cas de modifications aux présents statuts, une nouvelle autorisation administrative devra être demandée.

N.-B. — Ces statuts préparés par la Commission d'initiative, votés par le Comité d'Organisation le 27 février 1891, ont été adoptés par l'Assemblée générale de l'Association des Amis de l'Université, le 20 mai 1891, et soumis à l'autorisation préfectorale.

ASSOCIATION

DES

AMIS DE L'UNIVERSITÉ DE MONTPELLIER.

COMITÉ D'HONNEUR

Présidents :

M. Le Maire de Montpellier.
M. Le Recteur de l'Académie.

Membres :

MM. Le Général Commandant le XVIme Corps d'armée ;
Le Premier Président ;
Le Préfet de l'Hérault ;
L'Évêque de Montpellier ;
Le Président du Consistoire ;
Le Procureur Général ;
Le Président du Tribunal Civil ;
Le Procureur de la République ;
Le Trésorier-Payeur Général ;
Le Président du Conseil Général ;
Les Sénateurs de l'Hérault ;
Les Députés de l'Hérault ;
Le Président du Tribunal de Commerce ;
Le Président de la Chambre de Commerce ;
Le Président du Conseil d'Arrondissement.

COMITÉ

M. Cauvet, *Président honoraire.*

BUREAU.

MM. Kühnholtz-Lordat, *Président.*
Pomier Layrargues, *Vice-Président.*
Blavy (Alfred), *Secrétaire-Général.*
Reynès (Alfred), *Secrétaire.*
De Saporta (Vicomte Antoine), *Secrétaire.*
Bazille (Marc), *Trésorier.*

Membres de droit.

MM. Vigié, Doyen de la Faculté de Droit.
Castan, Doyen de la Faculté de Médecine.
De Rouville, Doyen de la Faculté des Sciences.
Castets, Doyen de la Faculté des Lettres.
Diacon, Directeur de l'École supérieure de Pharmacie.
Desq, Président de l'Association Générale des Étudiants.

Membres élus.

MM. Bazille (Marc), Banquier.
Blavy (Alfred), Avocat.
Cazalis de Fondouce, Ingénieur.
Charmont, Professeur à la Faculté de Droit.
Cousin (Élie), Négociant.
Crassous, Ingénieur.
Faulquier (Rodolphe), Manufacturier.
Foex, Directeur de l'École d'Agriculture.
Grasset, Professeur à la Faculté de Médecine.
Kühnholtz-Lordat, de la Société des gens de lettres.

MM. Leenhardt (Ernest), Ancien Président du Tribunal de Com[ce].
Marès, Correspondant de l'Institut.
Massol, Professeur à l'Ecole supérieure de Pharmacie.
Pezet, Docteur en Médecine.
Pomier Layrargues, Ingénieur.
Reynès (Alfred), Avocat.
Robert, Professeur au Lycée.
Saporta (Vicomte Antoine De).

LISTE

MEMBRES FONDATEURS DE L'ASSOCIATION.

MM.

ADHÉMAR (Vicomte D'), Rentier, rue du Petit-Saint-Jean, 2.

BAZILLE (Gaston), ✱, Grand'Rue, 11.

BAZILLE (Marc), Banquier, Grand'Rue, 21.

BLAVY, Avocat, ◐ I. P., rue Barralerie, 4.

BORT (Gabriel), Notaire, rue Richelieu, 1.

BOUISSON-BERTRAND (Mme veuve), Grand'Rue, 27.

CASTAN, Doyen de la Faculté de Médecine, ✱, place Croix-de-Fer, 5.

CAUVET, ✱, Président de Chambre honoraire à la Cour d'Appel, rue
  Duval-Jouve, 2.

CAZALIS DE FONDOUCE, Ingénieur civil, ◐ I. P., rue des Étuves, 18.

CHABERT (Alfred), Rentier, rue Salle-l'Évêque, 6.

CRASSOUS, Ingénieur, Directeur-Adjoint des Salins du Midi, r. Rondelet, 7.

DROUTSKOY-LUBETSKY (Prince), Ecuyer de Sa Majesté l'Empereur de
  Russie, Docteur en Droit, C. ✱, rue St-Lazare, 195, Paris.

ESPOUS (Auguste), (Comte D'), Rentier, rue Salle-l'Évêque, 5.

FABRÈGE (Frédéric), Avocat, homme de lettres, Grand'Rue, 33.

FAULQUIER (Rodolphe), Manufacturier, rue Boussairolles, 6.

GÉRARD, Recteur de l'Académie de Montpellier, ✱, ◐ I. P., Jardin
  des Plantes.

GIDE, Professeur à la Faculté de Droit, rue Castilhon, 4.

GRASSET, Professeur à la Faculté de Médecine, ◐ A., rue J.-J.-Rous-
  seau, 6.

GRASSET (Madame),   id.   id.

JAUMES, Professeur à la Faculté de Médecine, ◐ A., r. Ste-Croix, 5.

JAUMES (Madame),   id.

KÜHNHOLTZ-LORDAT (Achille), de la Société des gens de lettres, rue
  Saint-Guilhem, 23.

MM.

Leenhardt (Ernest), ancien Président du Tribunal de Commerce, ✱, boulevard Jeu-de-Paume.

Leenhardt (Charles), Président de la Chambre de Commerce, Cours Gambetta, 27 *bis*.

Marès (Henri), Correspondant de l'Institut, ✱, Place Castries, 1.

Pomier Layrargues, Ingénieur, rue Clos-Réné, 16.

De Rouville, Doyen de la Faculté des Sciences, ✱, ◉ I. P., Cité Industrielle, 69.

Simon, Directeur des Mines de Graissessac, rue Clos-Réné, 12.

S¹-André (Vicomte De), Rentier, rue Embouque-d'Or, 2.

Tempié (Léon), Propriétaire, ✱, ◉ A, rue Maguelone, 3.

Tissié-Sarrus, Banquier, ✱, rue du Petit-S¹-Jean, 2.

Ville de Pézenas.

LISTE GÉNÉRALE

DES

MEMBRES DE L'ASSOCIATION.

MM,

ADHÉMAR (Vicomte D'), Rentier, rue du Petit-St-Jean, 2. — F.

ALIAS (Albert), Contrôleur des Contributions Directes, r. Mareschal, 6.

ANTERRIEU (Dieudonné), Avocat, Conseiller municipal, rue de l'Observance, 9.

ARCHBOLDT-ASPOL, Négociant, à Cette,

ARCHÉ, Entrepreneur-maçon, rue Pagès, 1.

ASTRE, Professeur-Agrégé à l'École supérieure de Pharmacie, avenue des Arceaux, 17.

AUBERT, Président du Tribunal civil de Béziers.

AURIOL (Charles), place de la Mairie, 5.

AUTHEMAN (Ch.-G.), Professeur au Lycée, rue Levat, 1.

AUTIÉ, Professeur au Lycée, ○ A., boulevard Louis-Blanc, 17.

BARDE (Louis), Professeur-Agrégé à la Fac. de Droit, rue Nationale, 7.

BAZILLE (Gaston), ancien Sénateur, ✱, Grand'Rue, 11. — F,

BAZILLE (Marc), Banquier, Grand'Rue, 21. — F.

BÉCHET, Rédacteur en Chef du *Petit Méridional*.

BELUGOU, Docteur-Médecin consultant, ○ I. P., Lamalou-les-Bains (Hérault).

BERNARD, Professeur au Lycée, boul. des Arceaux, Villa-des-Arceaux.

BERTIN-SANS, Professeur à la Faculté de Médecine, ○ A., rue de la Merci, 5.

BASTIDE (Scœvola), Membre de la Chambre de Commerce de Montpellier, ✱ et du Mérite agricole, Château d'Agnac (Hérault).

BERTIN (Henri), Préparateur à l'Institut de Physique et de Chimie, rue de la Merci, 8.

BÉSINÉ (Charles), Architecte, rue des Trésoriers-de-France, 7.

MM.

Blavy, Avocat, ❶ I. P., rue Barralerie, 4. — F.

Blouquier (Ernest), place Louis XVI, 4.

Boisdenemets (Marquis De), Général commandant le XVIme Corps d'armée. C. ✳, Quartier-Général.

Bonnet, Avocat, Docteur en droit, rue du Palais, 10.

Bonnet, Professeur à la Faculté des Lettres, ❶ A., Villa-Marie.

Borely (De), Notaire, rue Aiguillerie, 9.

Bories, Avocat, Bâtonnier de l'Ordre, rue Général-Réné, 6.

Bouisson-Bertrand (Mme), Rentière, Grand'Rue. — F.

Bort (Gabriel), Notaire, rue Richelieu, 1. — F.

Bourouillou, Chef d'Institution, Grand'Rue, 14.

Bousquet (Émile) Juge au Tribunal de Commerce, route de Palavas.

Brémont, Professeur à la Faculté de Droit, ❶ I. P., rue du Gymnase.

Briol, Avocat, Membre du Conseil municipal, rue Ste-Croix, 11.

Brousse, Professeur à la Faculté de Médecine, Plan du Palais, 3.

Brunel (Mme), rue de la République, 16.

Burnan, Banquier, Boulevard Ledru-Rollin, 2-4.

Cabrières (Mgr De Rovérié De), Evêque de Montpellier, à l'Evêché.

Cairoche (Marius), Juge au Tribunal de Commerce, rue de la Loge, 2.

Carbonnel (Joseph), Directeur-Gérant de l'Imprimerie Ricard Frères, ⊛, place Petit-Scel, 5.

Castan, Doyen de la Faculté de Médecine, ✳, ❶ I. P., place Croix-de-Fer, 5. — F.

Castelnau (Edmond), propriétaire, rue Marceau, 18.

Castelnau (Maurice), Banquier, boulevard Ledru-Rollin, 5.

Castelnau (Eugène), Rentier, rue Salle-l'Evêque, 12.

Castets, Doyen de la Faculté des Lettres, ✳, ❶ I. P., b. Jeu-de-Paume, 21.

Catalan, Négociant, rue de la République, 2.

Cauvet, Président de Chambre honoraire, rue Duval-Jouve, 2. — F.

Cazalis de Fondouce, Ingénieur civil, ❶ I. P., rue des Etuves, 18. — F.

Cazalis (Dr Frédéric), Directeur du *Messager Agricole*, ✳, rue des Grenadiers, 28.

Céconi (Marius), Capitaine-Rapporteur au Conseil de Guerre, avenue de Toulouse, 52.

Chabaneau, Professeur à la Faculté des Lettres, ❶ I. P., rue Nazareth, villa-Marie.

MM.

Chabert (Alfred), Rentier, rue Salle-l'Évêque, 8. — F.

Challandes, Directeur de la Croix-Rouge, boulevard Jeu-de-Paume, 27.

Chanfreau, Papetier, rue de la Loge, 3.

Charmont, Professeur à la Faculté de Droit, ◐ A., Villa-Castan, près le Grand Séminaire.

Chausse, Professeur à la Faculté de Droit, rue Aiguillerie, 1.

Coquinet (Léon), Juge au Tribunal de Commerce, rue Faubourg du Courreau, 3.

Coulet (Camille), Libraire, ◐ A., Grand'Rue, 5.

Courchet, Professeur à l'École supérieure de Pharmacie, ◐ A., rue du Palais, 8.

Crassous, Directeur-Adjoint des Salins du Midi, rue Rondelet, 7. — F.

Croiset, Professeur à la Faculté des Lettres, ◐ I. P., rue Germain, 3.

Crova, Professeur à la Faculté des Sciences, ✳, ◐ I. P., Correspondant de l'Institut, rue du Carré-du-Roi, 14.

Daubian-Delisle, Directeur des Contributions Directes, ✳, rue de l'Ancien-Courrier, 13.

Dauriac (Lionel), ◐ I. P., Professeur à la Faculté des Lettres, rue de la Valfère, 6.

Delvincourt, Rentier, rue Auguste-Comte, 5.

Des Hours (Louis), ancien Sous-Préfet, Secrétaire de la Société d'Agriculture de l'Hérault, à Mezouls.

Desq, Président de l'Association Générale des Étudiants, au Cercle.

Dessalle (Paul), Docteur en Médecine, place Louis XVI, 4.

Diacon, Directeur de l'École supérieure de Pharmacie, ◐ I. P., rue du Faubourg St-Jaumes, 13.

Directeur du Journal *L'Éclair* (Le), rue Levat, 2 *bis*.

Droutskoy-Lubetsky (Prince), Écuyer de Sa Majesté l'Empereur de Russie, Docteur en Droit, C. ✳, rue St-Lazare, 195, Paris. — F.

Dufour, Négociant, rue Argenterie, 17.

Dunal, Docteur en Médecine, rue du Petit-St-Jean, 2.

Dunal, Avocat, rue de la Valfère, 10.

Durand, Professeur à l'École d'Agriculture, ✳, r. du Cheval-Blanc, 6.

Durand (Élie), rue Salle l'Évêque, 2.

Espous (Auguste), (Comte D'), rue Salle-l'Évêque, 5. — F.

Estor, Professeur-Agrégé à la Faculté de Médecine, plan du Palais, 6.

Eymar (Joseph), Négociant, ancien Juge au Tribunal de Commerce.

Fabrège (Frédéric), Avocat, homme de lettres, Grand'Rue, 33. — F.

MM.

Fabry, Professeur à la Faculté des Sciences, faubourg Boutonnet, 93,

Faliès, homme de lettres, place de la Préfecture, 2.

Fargues, Avoué au Tribunal, rue Vieille-Intendance, 9.

Faulquier (Rodolphe), Manufacturier, rue Boussairolles, 6. — F.

Fécamp (Pr.), Bibliothécaire de l'Université, ✪ A., rue Pitot, 44.

Féraud, Avoué au Tribunal, rue de la Loge, 10.

Firmin, Imprimeur-Editeur, place de la Mairie, 3.

Flahault, Prof à la Faculté des Sciences, ✪ A, Institut de Botanique.

Foex, Direct de l'Ecole nationale d'Agriculture, ✿, ✪ I. P., à l'Ecole.

Forcrand (De), Prof à la Faculté des Sciences, ✪ A, f. St-Jaumes, 37.

Fourestier, Négociant, avenue de Toulouse, 25.

Frat, Docteur en Médecine, rue Maguelone, 23.

Frederich (Wᵐ), ancien Consul de Suède et Norwège, à Cette.

Gachon, Professeur à la Faculté des Lettres, ✪ I. P., rue de l'Ecole-
   de-Médecine, 3.

Gachon, Pasteur, Président du Consistoire, rue St-Guilhem, 35.

Gairaud, Peintre-décorateur, rue Jeu-de-l'Arc, 4.

Galavielle, Préparateur de Botanique, à l'Institut de Botanique.

Galtier (Alexandre), Juge au Tribunal de Commerce, route de
   Toulouse, 52.

Gareil (Abbé), rue Plantade, 2.

Gariel, Directeur du *Petit Méridional*, avenue de Toulouse, 34.

Gay, Docteur ès-sciences, Professeur-agrégé à l'Ecole supérieure de
   Pharmacie, Pharmacien en chef des Hospices, rue du Collège, 7.

Gay (Mᵐᵉ)   id.

Gay (Albert), Avoué, au Vigan.

Gérard, Recteur de l'Académie, ✿, ✪ I. P., Jardin des Plantes — F.

Gérard, Professeur à la Faculté de Droit, boulevard de l'Esplanade, 17.

Gide, Professeur à la Faculté de Droit, ✪ I. P., rue Castilhon, 4. — F.

Glaize (Antonin), Prof à la Faculté de Droit, ✪ A., rue Joubert, 1.

Gonnet, Directeur du Crédit Lyonnais, boulevard Jeu-de-Paume.

Granel, Directeur du Jardin des Plantes, rue du Collège, 14.

Grasset-Morel (Louis), Avocat, boulevard du Peyrou, 2.

Grasset, Prof à la Fac. de Médec., ✪ A., rue J.-J. Rousseau, 6. — F.

Grasset (Mᵐᵉ),   id.   id.   — F.

Guibal, Avocat, Docteur en Droit, rue des Trésoriers-de-la-Bourse.

MM.

Guiraudou, rue Embouque-d'Or, 7.

Guizard, Avoué à la Cour, rue Nationale, 20.

Guy, ✿ A. Président-fondateur de l'Association Générale des Étudiants de Montpellier, Docteur en Médecine, à Béziers.

Hamelin, Prof à la Faculté de Médecine, ✿, r. de la République, 7.

Haour, Avocat, rue Philippi, 1.

Henry, Aumônier au Grand Lycée, rue Trésoriers-de-la-Bourse. 15.

Imbert, Professeur à la Faculté de Médecine, faub. St-Jaumes, 4 *bis*.

Itier, Avocat, rue de la Petite-Loge, 1.

Jadin, Chef des travaux à l'Institut de Botanique, rue Dessalle, 4.

Jaumes, Prof à la Faculté de Médecine, ✿ I. P., rue Ste-Croix, 5. — F.

Jaumes (Mme),   id.   — F.

Jeanjean, Prof à l'École supérieure de Pharmacie, ✿ I. P., r. Embouque-d'Or, 1.

Jeannel, Docteur en Médecine, rue Delpech, 1.

Kruger, Architecte de la Ville, ✿ A., rue de la République, 22.

Kühnholtz-Lordat (Achille), de la Société des Gens de Lettres, *Président*, rue St-Guilhem, 23. — F.

Kühnholtz-Lordat (Gérald), rue du Puits-du-Temple, 6.

La Batie (De), Avoué au Tribunal, Plan du Palais, 6.

La Baume (De), Avocat, rue Embouque-d'Or, 1.

Lacvivier (De), Proviseur au Grand Lycée.

Le Bourdais des Touches, Receveur municipal, rue Dauphine, 4.

Le Camus, ✿, Président du Cercle Artistique, rue Maguelone, 23.

Leenhardt (Charles), Président de la Chambre de Commerce, ✿, cours Gambetta, 27. — F.

Leenhardt (Ernest), ancien Président du Tribunal de Commerce, ✿, boulevard Jeu-de-Paume, 22. — F.

Lecoq, Professeur au Lycée.

Lisbonne, Avocat, rue Nationale, 18.

Maillard, Premier Président, ✿, boulevard Jeu-de-Paume, 32.

Malavialle, Professeur au Lycée, rue Général-René, 8.

Mansy, Négociant, rue Jeu-de-Ballon, 2.

Marais (Charles), Secrétaire-Général de la Préfecture, r. Nationale, 29.

Marès (Henri), Correspondant de l'Institut, ✿, place Castries, 1. — F.

Marès (Étienne), rue Auguste-Comte, 2.

Margouirès, Architecte, place de la Mairie, 5.

MM.

MARIGNAN, à Marsillargues.

MARTIN, Orfèvre, rue Argenterie, 9.

MARSAL, Peintre, rue Terral, 18.

MAS, Professeur au Lycée, ◉ A., rue du faubourg St-Jaumes, 23.

MASSILLAN (Auguste De), rue Stanislas-Digeon.

MASSOL, Professeur à l'École supérieure de Pharmacie, ◉ A., rue
    Alexandre-Cabanel, 55.

MÉDARD, plan du Palais, 5.

MÉNARD (Joseph), Docteur-Médecin consultant, à Lamalou-les-Bains,
    (Hérault).

MESSINE (Hippolyte), Président du Tribunal de Commerce, avenue de
    Toulouse, 52.

MEUTON, Confiseur, rue de la Loge, 19.

MEYNIAL, Professeur à la Faculté de Droit, rue Argenterie, 8.

MICHEL, Directeur du Musée, ✻, rue Ancien-Courrier, 2.

MILHAUD, Avocat, rue des Tondeurs, 8.

MIRAL, Directeur du Grand-Théâtre, ◉ A, boulev. de l'Esplanade, 17.

MONTANE, Imprimeur-Editeur, rue Baudin.

MULLER, Professeur honoraire, rue Nazareth, 5.

PAGÉZY (Jules), Banquier, Grand'Rue, 10.

PAILHÉ, Président de Chambre, ✻, av. des Arceaux, châlet Boulogne.

PELISSIER, Professeur à la Faculté des Lettres, rue du Palais, 5.

PEZET, Docteur en Médecine, Administrateur des hospices, ◉ A.,
    boulevard de l'Observatoire, 6.

PIERRON, Prof à la Faculté de Droit, ◉ A., officier de l'Ordre du Medjidié,
    rue Carbonnerie, 1.

PIJARDIÈRE (L.) (de la Cour de la), Archiviste de l'Hérault, rue Puits-
    des-Esquilles, 16.

PLANCHE, Docteur en Médecine, ✻, rue des Sœurs-Noires, 8.

PLANCHON, Prof-Agrégé à la Faculté de Médecine, chemin de Nazareth.

POGGIOLI, Rédacteur au *Petit Méridional*.

POMIER LAYRARGUES, Ingénieur, rue Clos-Réné, 16. — F.

POMIER LAYRARGUES (Mme),   id.

PONSET, Avoué à la Cour, rue École-de-Médecine, 3.

PRADAL (Jules), Entrepreneur, rue Roucher, 16.

PUJO (A.), Avocat, rue des Grenadiers, 22.

RABAUD, Professeur à la Faculté des Lettres, ◉ A., rue Germain, 1.

MM.

RAGOT, Capitaine d'État-Major, ✪ A., rue des Augustins.

RAMADOUT, Inspecteur des Chemins de fer, rue de la République, 22.

REYNAL, Président de la Chambre de Commerce de Narbonne (Aude).

REYNAUD, Professeur au Lycée, avenue des Arceaux, 17.

REYNÈS (Alfred), Avocat, rue Vieille-Intendance, 9.

REYNÈS, Ancien Vice-Président du Conseil Préfecture, rue Vieille-Intendance, 9.

REVILLOUT, Professeur à la Faculté des Lettres, ✻, ✪ I. P., rue St-Firmin, 14.

ROBERT, Professeur au Lycée, rue Nationale, 20.

ROTT-ZIMMER, Brasseur, rue Édouard-Adam, 4.

ROUSSEL, Avocat, rue Fabre, 4.

ROUSSY, Avocat, rue Terral, 8.

ROUVIÈRE, Rentier, rue Villefranche, 22.

ROUVILLE (De), Doyen de la Faculté des Sciences, ✻, ✪ I. P., Cité Industrielle, 69. — F.

ROUX, Avocat, rue Ancien-Courrier, 5.

ROUZAUD (H), Maître de conférences à la Faculté des Sciences ✪ A, rue Alauzet (faubourg Boutonnet).

SABATIER, Professeur à la Faculté des Sciences, ✻, ✪ I. P., rue Barthez, 1.

SAHUT, Présid. de la Société d'Horticulture, ✻, rue du Pont-Juvénal, 10.

SAHUT (L'Abbé E.), Secrétaire particulier de Mgr. l'Évêque, à l'Evêché.

SAINT-ANDRÉ (Comte De), rue Embouque-d'Or, 2. — F.

SALIN, Rédacteur au *Petit Méridional*.

SAPORTA, (Comte Louis De), Capitaine dans l'armée territoriale, rue de la Loge, 11 *bis*.

SAPORTA (Vicomte Antoine De), rue de la Loge, 27.

SAPTE, Avocat, rue Nationale, 20.

SARDA, Docteur en Médecine, rue Urbain V, 3.

SEPTFONTS, Négociant, rue Barralerie, 24.

SIMON, Directeur des Mines de Graissessac, rue Clos-Réné, 12. — F.

SOUBEIRAN, Professeur à l'École supérieure de Pharmacie, ✻, ✻, rue du faubourg St-Jaumes, 39.

TÉDENAT, Professeur à la Faculté de Médecine, rue du Palais, 12.

TEMPIÉ (Léon), Propriétaire, ✻, ✪ A, rue Maguelone, 3. — F.

TEULON (D'), Grand'Rue, 10.

MM.

Tissié (Alphonse), Banquier, ✳, rue du Petit-St-Jean, 2. — F.

Truc, Professeur à la Faculté de Médecine, rue de la République, 6.

Ucciani, Président du Tribunal civil, r. des Trésoriers-de-la-Bourse, 1.

Valabrègue, Professeur à la Faculté de Droit, ❶ I. P., faubourg de Lattes, 11.

Valéry, Avocat, Docteur en Droit, rue Urbain V, 3.

Vernière (Michel), Député, boulevard Louis-Blanc, 9.

Vialles, Avocat, rue Dauphine, 8.

Vigié, Doyen de la Faculté de Droit, ✳, ❶ I. P., rue Ranchin, 1.

Ville de Pézenas. — F.

Yon, Inspecteur d'Académie, ❶ I. P., rue Pila-St-Gély, 10.

Warnery (Charles), cours Gambetta, 27.

Addenda

Coste, Notaire, rue du Palais, 17.

Cousin (Elie), Négociant, rue Strasbourg.

Chancel, Négociant, Grand Vin, route du Pont-Juvénal, 1.

Devic, Architecte, rue des Trésoriers-de-France, 7.

Laborde (A.), Professeur, rue Vieille-Intendance, 11.

Lafont (Jean), Avoué au Vigan.

Laurans, Avoué à la Cour, rue Aiguillerie, 37.

Laurens, Professeur, rue de la Merci, 14 *bis*.

Leenhardt (Roger), cours Gambetta, 27 *bis*.

Leenhardt (Max), Artiste-Peintre, 84, rue Marceau, Paris.

Lechat, Professeur, rue Aiguillerie, 8.

Léris (Abbé), Curé de Castelnau.

De Saizieu, Directeur de la Banque de France.

N.-B. — Une seconde liste sera imprimée ultérieurement, avec rectification des erreurs de nom, profession, titres et adresses qui auraient pu être commises dans la première.

Nous rappelons que la cotisation annuelle est de 10 fr. — On devient fondateur, en versant une somme de 200 fr. pour tenir lieu de toute cotisation à venir.

Les dames peuvent faire partie de l'Association.

Les cotisations sont encaissées par les soins de M. Marc Bazille, banquier, rue Petit-Saint-Jean, 2.

Les nouvelles adhésions ainsi que les rectifications à faire à la première Liste doivent être adressées rue Barralerie, 4, au

Secrétaire-Général,

Alfred Blavy.

TABLE DES MATIÈRES

www.ingramcontent.com/pod-product-compliance
Lightning Source LLC
Chambersburg PA
CBHW051254030726
47595CB00003B/1247